江西财经大学东亿学术论丛·第一辑

# 面板数据模型回归系数估计及Hausman检验统计量的

## 统计诊断

杨 婷 著

Statistical Diagnostics of
Regression Coefficient Estimates and
Hausman Test Statistic in Panel Data Models

经济管理出版社
ECONOMY & MANAGEMENT PUBLISHING HOUSE

**图书在版编目（CIP）数据**

面板数据模型回归系数估计及 Hausman 检验统计量的统计诊断 / 杨婷著. —北京：
经济管理出版社，2019. 10

ISBN 978-7-5096-5100-1

I. ①面… Ⅱ. ①杨… Ⅲ. ①计量经济学—研究 Ⅳ. ①F224. 0

中国版本图书馆 CIP 数据核字（2019）第 233267 号

组稿编辑：王光艳

责任编辑：李红贤

责任印制：黄章平

责任校对：王淑卿

出版发行：经济管理出版社

（北京市海淀区北蜂窝 8 号中雅大厦 A 座 11 层　100038）

网　　址：www. E-mp. com. cn

电　　话：（010）51915602

印　　刷：三河市延风印装有限公司

经　　销：新华书店

开　　本：720mm×1000mm /16

印　　张：10

字　　数：164 千字

版　　次：2020 年 4 月第 1 版　　2020 年 4 月第 1 次印刷

书　　号：ISBN 978-7-5096-5100-1

定　　价：68. 00 元

# 总　序

　　江西财经大学统计学院源于 1923 年成立的江西省立商业学校会统科。统计学专业是学校传统优势专业，拥有包括学士、硕士（含专硕）、博士和博士后流动站的完整学科平台。数量经济学是我校应用经济学下的一个二级学科，拥有硕士、博士和博士后流动站等学科平台。

　　江西财经大学统计学科是全国规模较大、发展较快的统计学科之一。1978 年、1985 年统计专业分别取得本科、硕士办学权；1997 年、2001 年、2006 年统计学科连续三次被评为省级重点学科；2002 年统计学专业被评为江西省品牌专业；2006 年统计学硕士点被评为江西省示范性硕士点，是江西省第二批研究生教育创新基地。2011 年，江西财经大学统计学院成为我国首批江西省唯一的统计学一级学科博士点授予单位；2012 年，学院获批江西省首个统计学博士后流动站。2017 年，统计学科成功入选"江西省一流学科（成长学科）"；在教育部第四轮学科评估中被评为"A-"等级，进入全国前10%行列。目前，统计学科是江西省高校统计学科联盟盟主单位，已形成研究生教育为先导、本科教育为主体、国际化合作办学为补充的发展格局。

　　我们推出这套系列丛书的目的，就是想展现江西财经大学统计学院发展的突出成果，呈现统计学科的前沿理论和方法。之所以以"东亿"冠名，主要是以此感谢高素梅校友及所在的东亿国际传媒给予统计学院的大力支持，在学院发展的关键时期，高素梅校友义无反顾地为我们提供了无私的帮助。丛书崇尚学术精神，坚持专业视角，客观务实，兼具科学研究性、实际应用性、参考指导性，希望能给读者以启发和帮助。

　　丛书的研究成果或结论属个人或研究团队观点，不代表单位或官方结论。如若书中存在不足之处，恳请读者批评指正。

编委会

2019 年 6 月

# 前　言

异常值的识别和处理一直是统计学研究中的重要内容。统计诊断作为异常值识别的一种重要手段而被研究者关注。不同模型下的参数估计和假设检验统计量的统计诊断被广泛研究。笔者正是在这一学术背景下确定了博士论文选题：《面板数据模型回归系数估计及 Hausman 检验统计量的统计诊断》。

面板数据模型可以分为固定效应模型和随机效应模型，不同模型设定下的参数估计方法也不相同。协方差估计适用于固定效应模型，估计量具有无偏性、一致性、有效性，在随机效应模型中虽然仍具有无偏的和一致的，但却不是有效的。广义最小二乘估计则适用于随机效应模型，在固定效应模型中不仅不是有效的，还是非一致的。由此可见，模型设定检验对面板数据建模的重要性。Hausman 检验是当前最广为接受的面板数据模型设定检验方法。由于 Hausman 检验统计量是基于模型参数估计构建的，所以本书将先研究面板数据模型参数估计的统计诊断，并在此基础上，对 Hausman 检验统计量的统计诊断问题进行研究。本书的研究分为八章，具体结构安排如下：

第 1 章为绪论，对本书的研究背景和研究意义进行介绍，简要总结了本书主要的研究内容和创新之处，并对本书结构安排进行说明。

第 2 章对统计诊断方法和面板数据模型进行介绍。对于统计诊断方法，本书重点介绍了基于数据删除模型的诊断方法、基于广义影响函数的诊断方法以及基于 Cook 曲率度量的诊断方法；对于面板数据模型，本书重点介绍模型参数估计和设定检验——Hausman 检验，其中参数估计包括固定效应模型的协方差估计、随机效应模型的广义最小二乘估计和极大似然估计。

第 3 章在面板数据固定效应模型下，对协方差估计的统计诊断问题展开研究。本书首先基于数据删除模型，推导出协方差估计量在数据删除前后的数学关系式，并构造广义 Cook 距离度量协方差估计量的改变，从而得到异常点识别的诊断统计量。因为面板数据具有二维结构，所以数据删除也可以从横截面维度和时间维度分别进行。虽然在时间维度上删除观测后，面板数据会变成非平衡面板（unbalanced panel），但因为本书考察的是单因素误差回归模型，不含未观测到的时间效应，所以面板数据的时间间隔不相等并不会影响到模型的参数估计。除了数据删除模型，本书还将基于广义影响函数的统计诊断方法，推导三种常见扰动（方差扰动、自变量扰动、因变量扰动）下协方差估计的广义影响函数（GIF），并据以构造广义 Cook 距离，通过最大特征向量法得到最大扰动方向，作为异常点识别的依据。与数据删除模型类似，每种扰动又可以分为截面维度的扰动和时间维度的扰动。采用的研究方法包括基于数据删除模型的诊断方法和基于广义影响函数的诊断方法，得到相应的诊断统计量。因为协方差估计在固定效应和随机效应模型中具有完全相同的形式，所以本章研究结论也适用于随机效应模型。由于协方差估计在面板数据随机效应和固定效应模型下具有相同的形式，所以在固定效应模型框架下对协方差估计的统计诊断，等价于在随机效应模型框架下的相关研究。

第 4 章介绍广义最小二乘估计的统计诊断。因为广义最小二乘估计只适用于面板数据随机效应模型，所以本书对广义最小二乘估计的统计诊断是在随机效应模型框架下进行。与协方差估计的统计诊断思路相似，对广义最小二乘估计的统计诊断，也将采用两种诊断方法，即基于数据删除模型的诊断方法和基于广义影响函数的诊断方法，并且每种诊断方法又可以分为截面维度和时间维度的统计诊断。

第 5 章介绍极大似然估计的统计诊断。在模型随机项服从正态分布的假定下，可以得到面板数据随机效应模型的极大似然估计。本书基于数据删除模型的诊断方法和基于 Cook 曲率度量的诊断方法，对极大似然估计的统计诊断问题进行研究。需要注意的是，这里的数据删除模型构造似然距离度量删除数据的影响，而其他参数估计和检验统计量的统计诊断则是构造广义 Cook 距离度量删除数据的影响。另外，基于 Cook 曲率度量的诊断方法又包括了方差扰动、自变量扰动和因变量扰动三种扰动模型。每种诊断方法都区分为截面维度和时间维度的诊断。

第 6 章采用基于数据删除模型的诊断方法和基于广义影响函数的诊断方法，对 Hausman 检验统计量的统计诊断问题进行研究。在数据删除模型中，分别考察截面维度的数据和时间维度的数据对 Hausman 统计量的影响。在基于广义影响函数的诊断研究中，本书使用了方差扰动模型、自变量扰动模型和因变量扰动模型，并且每种扰动模型都从截面维度和时间维度分别展开研究。注意，因为 Hausman 检验统计量是基于面板数据模型的协方差估计和广义最小二乘估计及其方差—协方差矩阵构造而成，所以对 Hausman 检验统计量的统计诊断需要使用协方差估计和广义最小二乘估计的统计诊断的相关研究结果。

第 7 章使用中国货币政策和财政政策产出效应数据，应用本书的理论研究成果，考察样本数据对模型参数估计和 Hausman 检验统计量的影响，识别异常截面数据和异常时间数据，说明本书提出的诊断统计量的有效性。

第 8 章对本书的主要研究成果进行总结，并指出未来有待进一步研究的内容和方向。

本书的理论和应用研究成果主要体现在以下几个方面：

（1）面板数据固定效应模型回归系数估计的统计诊断。对面板数据固定效应模型，回归系数的估计一般采用协方差估计，本书分别基于数据删除模型和广义影响函数的诊断方法，得到了其相应的广义 Cook 距离和异常值诊断统计量。

（2）面板数据随机效应模型回归系数估计的统计诊断。对面板数据随机效应模型，回归系数的估计一般采用广义最小二乘估计或者极大似然估计。对广义最小二乘估计，分别基于数据删除模型和广义影响函数的诊断方法，得到其相应的广义 Cook 距离和异常值诊断统计量。对极大似然估计，分别基于数据删除模型和 Cook 曲率度量的诊断方法，得到了其相应的似然距离和异常值诊断统计量。

（3）面板数据模型选择的 Hausman 检验统计量的统计诊断。应用协方差估计和广义最小二乘估计统计诊断中的相关研究结果，分别采用基于数据删除模型和广义影响函数的诊断方法，得到了其相应的广义 Cook 距离和异常值诊断统计量。

（4）实际数据应用和解释。以中国货币政策和财政政策的产出效应数据为基础，分别建立面板数据固定效应模型和随机效应模型，应用本书提出的各种诊断统计量，识别样本数据中的异常截面数据和异常时间数据，并尝试解释异常数据出现的内在原因。

通过全面地将理论成果应用于实际经济数据分析研究，结果表明理论成果能够合理地解释异常点对相关参数估计和检验统计量的影响，这无疑是对现有面板数据模型统计诊断方法的有益补充。

　　数据是统计分析的基石。本书献给所有关注数据质量的研究者。

# 目　录

# 第❶章

# 绪　论

## 1.1　研究背景和意义

### 1.1.1　研究背景

数据是统计学研究的出发点。但在实际分析数据的过程中，尤其是在经济、管理等领域中，由于个体行为的差异性，经常会出现一些特殊的数据，它们的作用与其他数据的作用显著不同，导致模型的统计推断极大地依赖于这些极少数的数据，这些数据通常被称为异常点或强影响点。若对这些数据不加区分地使用统一的计量模型进行分析，就可能对模型识别、参数估计、假设检验以及模型预测等方面造成严重的偏差，大大降低数据分析的质量。

在图 1-1（a）中，若对全部样本数据建立回归模型，回归直线为 A2；但若对剔除数据点 a 后的样本数据建立回归模型，回归直线就为 A1。从中可以明显看出，A1 的拟合效果远比 A2 好。找出 a 与其他数据作用程度不同的原因，可以提高模型的准确性。如果 a 是因为某些偶然因素造成的异常点，比如数据收集或处理中的失误，那么，对 a 进行修正或删除 a，都可以提高模型估计的准确性。但是，如果数据 a 本身是正常的，那么 a 中包含的信息量可能超过其他数据点，删除 a 会损失较大信息量，造成模型的较大偏差。在图 1-1（b）中，回归直线 B 的斜率和截距几乎完全依赖于数据点 b 的位置，若剔除数据点 b，其他数据并没有表现出明显的趋势性。找出 b 偏离总体的原因，可以提高模型的稳健性。这种情况或许是由于样本量不足造成，可以考虑增加统计推断的样本量。

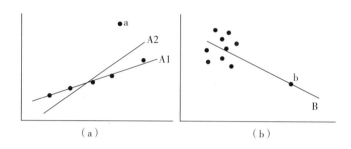

**图 1-1　异常数据对拟合模型的影响**

　　虽然上述例子并不是来自实际经济数据，但依据数据本身的性质作决策，不可避免要承担数据中可能存在的异常点和强影响点所带来的风险。因此，数据质量问题是一个有实际需要的重要统计学课题，必须引起研究者的关注。

　　统计诊断作为一种重要的数据质量评估技术，从 20 世纪 70 年代中期发展以来，在众多学者丰富的研究成果下，已经成长为重要的统计学分支之一，受到很多研究者的重视。许多统计软件（Eviews，SAS）也包含了专门的统计诊断模块。国内外都有一些优秀的介绍统计诊断的专著，如 Balsley 等（1980）、Cook 和 Weisberg（1982）、Atkinson（1985）、Chatterjee 和 Hadi（1988）对线性回归模型的统计诊断进行了系统的介绍；韦博成等（1991，2009）在线性回归模型下对统计诊断的主要方法进行详细的介绍，并对非线性模型的统计诊断做了简要的说明。目前，线性回归模型下的统计诊断研究已经发展得相当完善。大多数重要的统计诊断文献也都基于线性回归模型展开讨论。但是，很多其他模型的统计诊断问题并没有得到充分的研究，如面板数据模型等。

　　面板数据模型在计量经济学研究中占有重要的地位。面板数据是实证研究中一类重要的数据形式。相对于单纯时间序列数据和单纯截面数据，面板数据具有很多优点，如面板数据能够控制个体的异质性，能够减少回归变量之间的多重共线性，增加模型自由度，提高参数估计的有效性。更重要的是，研究者可以使用面板数据解决一些横截面数据或时间序列数据无法解决的问题。Grilichies 和 Hausman（1986）、Wansbeek 和 Koning（1989）、Hsiao（1991）、Hsiao 和 Taylor（1991）、Biorn（1992）的研究表明，对于传统的横截面数据或时间序列数据，测度错误可能导致模型无法识别，但使用相应的面板数据就可能对此类模型进行识别。

面板数据模型在宏、微观经济领域中都有广泛的应用。但是面板数据模型的统计诊断研究文献还很少。在目前可以查找到的研究中，只有 Chen 和 Shi（2008）、Chen（2008）对面板数据模型的统计诊断进行过研究。其中，Chen 和 Shi（2008）基于方差漂移模型，得到面板数据随机效应模型异常值检验的 LM 诊断统计量（即 Score 诊断统计量）；Chen（2008）运用 Whittle 谱方法构造似然比统计量，对面板数据固定效应模型的加性异常点（Additive outlier）进行探测。赵进文（2009）指出，目前在面板数据模型下专门讨论异常值点的诊断、影响评价的文献还相当少。正是在这种情况下，本书将研究的重点放在面板数据模型的统计诊断问题上，对面板数据模型的参数估计（包括固定效应模型的协方差估计、随机效应模型的广义最小二乘估计和极大似然估计）展开统计诊断研究。另外，Hausman 检验在面板数据模型设定上具有重要的作用，所以本书还将研究 Hausman 检验统计量的统计诊断问题。

## 1.1.2 研究意义

本书的研究意义主要体现在以下几个方面：

第一，面板数据模型是计量经济理论中的重要内容，在实证研究中也有着广泛的应用，但是有关面板数据模型统计诊断问题的研究却存在不足。如果面板数据模型的参数估计和假设检验对异常点很敏感，将直接导致实证研究中的偏差。所以，本书的研究不仅在一定程度上丰富了面板数据模型统计诊断的理论内容，并且本书的研究有助于提高面板数据模型实证研究的准确性。

第二，相对于一维的横截面数据和时间序列数据，面板数据同时包含了横截面维度和时间维度的信息，虽然这种二维的数据结构能够带来很多优势，但同时也使数据中出现异常点的可能性更大，因为面板数据既可能存在异常的截面个体，也可能存在异常的年份、月份等数据。如果不对这些异常点进行识别和处理，在异常点对模型参数估计和假设检验的影响特别大的情况下，面板数据的二维性很可能带来严重的后果。所以，识别面板数据中的异常点具有重要的现实意义。

第三，Hausman 检验解决了面板数据模型在固定效应和随机效应之间如何选择的问题，是面板数据建模中的必要环节。Hausman 检验结论将直接决定面板数据模型的形式，在面板数据模型中占有重要的地位，但异常点对 Hausman 检验统计量的影响分析却缺乏相关的学术研究。如果 Hausman 检验统计量不具有稳健性，当待考察的数据集中存在异常数据时，Hausman 检验的结论可能更多地受这些极少数的异常数据左右，很可能使基于数据分析得到的结论与真实情况背道而驰。所以，本书研究 Hausman 检验统计量的统计诊断问题，其理论和应用价值不言而喻。

第四，本书基于中国货币政策和财政政策的产出效应数据，建立面板数据模型，应用理论部分推导得到的结果，识别对模型参数估计和 Hausman 检验统计量影响特别大的截面数据和时间数据，并试图探寻异常点出现的内在原因。采用实际经济数据，而不是计算机模拟数据，能够更好地体现本书的理论研究在实际应用方面的价值。

# 1.2　国内外研究综述

统计诊断，又称为影响分析，其主要思想是，通过构造合适的诊断统计量，对数据的异常性以及数据与既定模型的符合程度进行度量，识别出其中可能的对模型统计推断具有决定性作用的数据，即异常数据或强影响数据，并根据这些数据出现的原因提出相应的处理办法，从而提高模型的拟合精度。国内外很多学者对统计诊断问题进行过研究，尤其是对传统线性回归模型的统计诊断，目前已经获得丰富的研究成果。由于线性回归模型形式简单，易于推广到其他更复杂的模型，所以统计诊断的主要研究方法大多是基于线性回归模型提出，此时统计诊断也被称为回归诊断。本节将以主要的统计诊断方法为线索，对国内外统计诊断的理论和应用研究进行概括综述。

## 1.2.1　国外研究综述

### 1.2.1.1　基于数据删除模型的统计诊断

基于数据删除模型的统计诊断方法，最先由 Cook（1977）提出。在此之前，研究者一般使用残差图或标准化残差图来识别可能的异常点。但是，Behnken 和 Drapper（1972）、Davies 和 Hutton（1975）、Huber（1975）发现，学生氏残差比残差或标准化残差在识别异常点方面更有效。并且，Behnken 和 Drapper（1972）发现，预测值的方差对异常点识别也很有效。但很多情况下，学生氏残差和预测值的方差不能很好地统一，例如，学生氏残差很大，

但预测值的方差却很小，这样的点是更"异常"还是更"不异常"呢？对此，Cook（1977）提出异常点识别的数据删除模型，并基于参数置信域的统计意义出发，提出 Cook 距离和广义 Cook 距离，度量数据删除前后模型参数估计量之间的差异，从而判断数据的"异常"程度，识别统计推断中的异常点和强影响点。Cook（1979）总结了普通最小二乘回归中异常点的特征，发现异常点与残差方差、残差相关系数以及解释变量观测值的凸包均有关，在数据删除模型下，所删除观测通过改变偏 F 检验、学生氏残差、残差方差、解释变量凸包以及参数估计值，从而改变模型的统计推断。

为了度量数据删除前后模型参数估计的差异，不同的诊断统计量被提出。Welsch 和 Kul（1977）从拟合观点提出 DFFITS 诊断统计量（即 W-K 统计量），用于衡量第 $i$ 个观测对拟合值的影响程度，并在"帽子阵"的基础上提出"杠杆值"的概念，作为判别异常值的标准。实际上，DFFITS 诊断统计量是一种广义 Cook 距离，它度量了第 $i$ 个数据删除前后回归模型参数估计之间的差异。与 Cook 距离略有差别的是，DFFITS 统计量不仅考虑了数据删除前后模型回归系数的变化，还纳入了方差估计的改变量。Andrews 和 Pregibon（1978）基于线性回归模型的残差平方和，提出异常点识别的 AP 诊断统计量，另外他们还开发了同时识别多个异常点的方法。Atkinson（1981）从三个方面对 Cook 距离进行改进，得到的诊断统计量与 DFFITS 统计量只相差系数因子，采用半正态图展示诊断统计量的取值，可以避免对数据的过度解释。Chatterjee 和 Hadi（1986）对已有的线性回归模型中异常点、高杠杆值点、强影响点的统计诊断技术进行比较，通过各种不同诊断方法之间的内在关系，将它们归结为较少的几种方法，为后续研究的简化提供依据。

应用数据删除模型开展统计诊断研究的文献有很多，例如，Walker 和 Birch（1988）基于 Cook 距离和 DFFITS 统计量，推导出岭回归中异常点识别的近似数据删除公式，通过数值实例发现，两种统计量识别出的异常点都相同，但异常点的"异常"程度排序却不完全一致；Lawrance（1995）讨论了回归模型中数据删除诊断方法的掩盖（masking）问题；Dupuis 和 Hamilton（2000）得到了数据删除前后的标准化学生氏残差和各种回归量，发现从回归因子的角度来看，学生氏残差和检验统计量之间存在有趣的关系，根据这种关系，可以在利用回归参数进行推断前检查数据删除模型的效果；Zhu 等（2001）扩展了基于数据删除模型的诊断方法，通过 EM 算法下完整数据似然函数的条件期望，提出了识别含缺失数据的复杂模型中

异常点的几种诊断方法；Fung 等（2002）使用数据删除的方法，考察了半参数混合模型中异常点检验的问题；Jahufer 和 Chen（2009）基于数据删除的方法，构建 Cook 距离和 DFFITS 统计量，分析各个数据点对改进岭估计（MRRE）的影响，并给出异常点识别的理论公式，最后采用真实数据说明理论公式的有效性；Jahufer（2013）基于数据删除模型，对线性回归中 Liu 估计的统计诊断进行分析，并给出数据删除的近似公式。

### 1.2.1.2　基于 Cook 曲率度量的统计诊断

Ferguson（1961）提出异常点识别的均值漂移模型和方差扩大模型。Cook 等（1982）使用方差扩大模型，对线性回归模型极大似然估计的统计诊断进行研究发现，使用方差扩大模型探测的异常点位置与使用均值漂移模型探测的异常点位置并不一致，这也验证了异常点的识别确实依赖于所使用的统计诊断方法。

Cook（1986）推广了 Ferguson（1961）的均值漂移模型和方差扩大模型，从微分几何的观点提出一种新的统计诊断方法，该方法以似然函数的曲率来度量微小"扰动"对模型统计量的影响，并结合特征值和特征向量寻找最大扰动方向，作为判断异常值的依据。Schall 和 Dunne（1992）发现参数共线性和局部影响具有密切关系，利用两者之间的这种关系可以对 Cook 曲率度量的诊断方法进行调整，使扰动再参数化过程的局部影响是可变的。

基于 Cook 曲率度量的统计诊断方法，是统计诊断的基本方法之一，得到研究者的广泛应用。Gruttola 等（1987）分别使用 Cook 曲率度量法和数据删除法，对线性回归模型广义最小二乘估计的统计诊断问题进行研究；Thomas 和 Cook（1989）基于 Cook 曲率度量的诊断方法，评价微小扰动对数据点（包括解释变量、被解释变量、单个数据点等）的影响，从而可以发现不同扰动方式是如何发挥作用的；Zhu 和 Lee（2001）应用 Cook 曲率度量的诊断方法，考察微小扰动对不完全数据下统计模型的局部影响；Zhu 和 Lee（2003）以 EM 算法和 Q 函数为基础，在六种扰动策略下，讨论了广义线性混合模型的局部影响问题，并分别采用模拟数据和真实数据验证所提诊断统计量的有效性。

### 1.2.1.3　基于广义影响函数的统计诊断

Shi（1997）提出了基于广义影响函数的诊断方法，用于解决多元分析中某些统计量的统计诊断问题，而这些问题使用 Cook 曲率度量方法不易解

决。因此，基于广义影响函数的统计诊断方法比基于 Cook 曲率度量的诊断方法适用范围更广。

Shi 和 Wang（1999）应用广义影响函数的方法研究岭估计的统计诊断问题，在方差扰动和自变量扰动下，得到识别岭参数估计的异常点的诊断统计量，并讨论了共线性对异常点的影响；Jahufer 和 Chen（2011，2012）基于广义影响函数的统计诊断方法，分别对具有多重共线性回归模型的改进岭参数估计 MRRE 和 Liu 估计中的异常点进行分析，给出其相应的诊断统计量，并使用数值实例加以说明。

#### 1. 2. 1. 4　其他统计诊断方法

基于数据删除的诊断方法、基于 Cook 曲率度量的诊断方法以及基于广义影响函数的诊断方法，这三种都是统计诊断的基本方法。除此之外，还有一些其他的诊断方法，其中有些方法也会用到前述三种基本诊断方法的思想。

基于数据变换的统计诊断方法。Atkinson 对数据变换模型的诊断方法研究较多，例如 Atkinson（1982，1983，1985，1986，1988）。此外，Parker（1988）讨论了最小绝对误差和回归中 Box-Cox 变换参数的统计诊断问题；Lawrance（1988）以 Cook 曲率度量的诊断方法为基础，得到了线性回归模型中因变量 Box-Cox 变换参数的诊断统计量；Tsai 和 Wu（1990）提出一种统计诊断方法，评价单个观测对 Box-Cox 回归模型以及双边变换回归模型中变换参数的影响，并采用数值实例验证该方法的有效性；Tsai 和 Wu（1992）应用 Lawrance 的局部影响分析法，评价单点加权扰动对 Box-Cox 回归模型中变换参数的影响，发现 Lawrance 的局部影响分析法与 Cook 曲率度量的诊断方法是一致的，并且局部影响分析与基于数据删除的诊断方法也密切相关。

时间序列模型的统计诊断方法。时间序列模型的统计诊断理论成果比较丰富。Chang（1982）、Tsay（1986）、Chang 等（1988）提出时间序列模型中识别异常点的迭代算法，该算法即使在异常点数量未知时也能够得到有效使用；Tsay（1988）在迭代算法的基础上，提出一种可以同时识别异常点和均值偏移（level shift）的诊断方法，但该方法对均值偏移的识别效果不好，存在一些问题，例如检验势较低，无法很好地区分异常点和均值偏移；Balke（1993）改进了 Tsay（1988）的算法，提出专门识别时间序列中均值偏移的方法，这种算法不仅操作简单，而且在实际应用中表现很好；Perron 和 Vogelsang（1992）研究了单变量单位根检验受均值偏移和异常点影响的情况；Franses 和 Lucas（1998）利用 Johansen-型检验程序研究了协整分析中的异常值点探测；Harvey 等（2001）研究了具有内生确定性水平变动下革新异常点（Innovation outlier）对单位根检验的影响问题。

基于 Score 检验的统计诊断方法。Cook 和 Hinkley（1974）介绍了 Score 统计诊断方法；Atkinson（1986）考察了删除数据对 Score 检验统计量和模型变换参数的影响，说明在数据变换模型中也需要考察异常点的影响；Zhang 和 Weiss（2000）利用 Score 统计量和调整残差，对随机效应模型的可解释异方差展开统计诊断研究。

此外，还有一些其他的统计诊断方法。Kianifard 和 Swallow（1989）使用迭代残差识别线性回归模型中的异常点，并通过数值模拟技术对迭代残差识别异常点的能力进行检验；Hadi 和 Simonoff（1993）考察了线性回归模型中多个异常点的识别问题，提出了两种非常有效的异常点探测方法，并且该方法不需要事先假定异常点的个数，对估计量的有效性也没有要求，计算量也不大，能够避免掩盖（masking）和淹没（swamping）效应；Chen 和 Liu（1993）使用异常点识别的迭代技术，得到了模型参数和异常点影响的联合估计，并讨论了伪异常点问题和掩盖问题；Atkinson 和 Riani（2001）提出一种简单稳健的统计诊断方法——向前搜索法，用以识别二项数据中的异常点，并通过三个真实数据集说明了向前搜索法的有效性。

### 1.2.2　国内研究综述

我国学术界对统计诊断的研究起步较晚。王松桂（1988）从残差分析、数据删除和影响分析三个方面对统计诊断的发展加以介绍；韦博成等（1991）是最早用专著系统介绍统计诊断的。此后，也有一些学者关注统计诊断问题。

在统计诊断理论研究方面，赵进文（1994）对参数和非参数假设检验进行了数值影响分析，具体包括单个正态总体均值的检验、两个方差已知的正态总体的均值检验、单个正态总体方差的检验等参数检验，以及 Wil-coxn 配对符号秩检验，其主要方法是，比较完全数据下的假设检验结论和删除一个数据点后的假设检验结论，从而判断各个数据点对假设检验的影响程度；赵进文（1997）采用普通残差、学生氏残差、马氏距离、Cook 距离、杠杆值、方差比六个诊断统计量，识别序列相关检验的异常点和强影

响点，数值实例显示序列相关检验对异常点、高杠杆点以及强影响点具有高度敏感性，序列相关检验可能存在"遮蔽"现象，因此在检验序列相关时，有必要先对数据进行统计诊断；朱仲义、韦博成（2001）对半参数非线性回归模型的统计诊断问题进行了系统的研究，并采用两个实际数据检验所提出的诊断统计量的有效性；余火军、朱仲义（2005）利用 Score 检验法，研究纵向数据模型的均值参数和方差参数的统计诊断问题；张浩、朱仲义（2007）利用 Q 函数，对广义线性混合效应模型的参数部分和非参数部分分别进行统计诊断研究，得到参数部分的广义 Cook 距离和非参数部分的广义 DFFITS，另外还采用局部影响分析法，讨论四种不同扰动下线性混合效应模型的统计诊断，最后通过实例验证诊断统计量的有效性；魏传华、吴喜之（2007）基于数据删除模型和均值漂移模型，讨论了空间变系数模型中异常点的检验问题。

统计诊断作为一种重要的数据质量评估技术，在我国学术界也得到一些应用。尤其是近年来，我国统计数据质量遭到一些质疑，多种评估方法被用于研究数据质量问题。郭红丽、王华（2011）给出了宏观统计数据质量评估的研究范畴和基本范式，其中就包含统计诊断作为研究的理论基础。赵进文（1999）利用多种诊断统计量（包括 W-K 统计量、AP 统计量、Cook 距离、似然距离），对我国 1952～1992 年的消费数据进行诊断分析，识别出其中的异常点；刘洪、黄燕（2009）基于柯布—道格拉斯生产函数，利用 Cook 统计量、W-K 统计量、杠杆值等诊断统计量识别数据中的异常点，从而说明经典计量模型下统计数据质量评估的方法；赵进文（2010）提供了异常值对复共线性检验、序列相关性检验、异方差性检验、单位根检验等计量检验产生致命影响的典型案例；卢二坡、黄炳义（2010）基于稳健 MM 估计的诊断方法，对我国 GDP 数据质量进行评估，并与基于 OLS 的异常值诊断结果进行比较，发现稳健 MM 估计方法可以有效地解决多个异常点的掩盖现象；刘洪、金林（2012）应用朱仲义、韦博成（2001）的研究成果，基于半参数回归模型的统计诊断方法，讨论 1953～2010 年中国 GDP 数据的准确性，发现在 1958～1961 年以及 1991～1994 年存在异常点。

虽然上述文献取得了一些成果，但总体来看，应用统计诊断理论和方法来探测实际数据（特别是人们普遍关心的经济数据）中的异常点或强影响点，成果相对还比较少，有待进一步深入研究。

# 1.3 研究内容和创新点

## 1.3.1 研究内容

面板数据模型可以分为固定效应模型和随机效应模型，两者的主要区别在于对不可观测的个体特殊效应 $\alpha_i$ 的设定不同。在不同的设定下，模型参数估计方法也不相同。在面板数据固定效应模型中，$\alpha_i$ 被假定为需要估计的固定参数，模型适用于协方差估计。在面板数据随机效应模型中，$\alpha_i$ 被假定为随机变量，模型适用于广义最小二乘估计和极大似然估计。需要注意的是，协方差估计其实也可用于随机效应模型，但这会导致模型自由度的大量损失，所以面板随机效应模型的协方差估计虽然是无偏的和一致的，但却不是有效的。而对于固定效应模型，广义最小二乘估计不仅不是有效的，还是非一致的。Hausman（1978）正是基于协方差估计和广义最小二乘估计在不同模型设定下的不同性质，提出面板数据模型设定的 Hausman 检验。由于 Hausman 检验统计量是基于模型参数估计构建的，所以本书将先研究面板数据模型参数估计的统计诊断，并在此基础上，对 Hausman 检验统计量的统计诊断问题进行研究。本书的研究内容主要包括以下五个方面：

（1）协方差估计的统计诊断。协方差估计在面板数据随机效应和固定效应模型下具有相同的形式，所以在固定效应模型框架下对协方差估计的统计诊断，等价于在随机效应模型框架下的相关研究。本书首先基于数据删除模型，推导出协方差估计量在数据删除前后的数学关系式，并构造广义 Cook 距离度量协方差估计量的改变，从而得到异常点识别的诊断统计量。因为面板数据具有二维结构，所以数据删除也可以从横截面维度和时间维度分别进行。虽然在时间维度上删除观测后，面板数据会变成非平衡面板（unbalanced panel），但因为本书考察的是单因素误差回归模型，不含未观测到的时间效应，所以面板数据的时间间隔不相等并不会影响到模型的参数估计。除了数据删除模型，本书还将基于广义影响函数的统计诊断方法，推导三种常见扰动（方差扰动、自变量扰动、因变量扰动）下协方差估计的广义影响函数（GIF），并据以构造广义 Cook 距离，通过最大特征向量法得到最大扰动方向，作为异常点识别的依据。与数据删除模型

类似，每种扰动又可以分为截面维度的扰动和时间维度的扰动。

（2）广义最小二乘估计的统计诊断。广义最小二乘估计只适用于面板数据随机效应模型，所以本书对广义最小二乘估计的统计诊断是在随机效应模型框架下进行。与协方差估计的统计诊断思路相似，对广义最小二乘估计的统计诊断，也将采用两种诊断方法，即基于数据删除模型的诊断方法和基于广义影响函数的诊断方法，并且每种诊断方法又可以分为截面维度和时间维度的统计诊断。

（3）极大似然估计的统计诊断。在模型随机项服从正态分布的假定下，可以得到面板数据随机效应模型的极大似然估计。本书基于数据删除模型的诊断方法和基于 Cook 曲率度量的诊断方法，对极大似然估计的统计诊断问题进行研究。需要注意的是，这里的数据删除模型构造似然距离度量删除数据的影响，而其他参数估计和检验统计量的统计诊断则是构造广义 Cook 距离度量删除数据的影响。另外，基于 Cook 曲率度量的诊断方法又包括方差扰动、自变量扰动和因变量扰动三种扰动模型。每种诊断方法都区分为截面维度和时间维度的诊断。

（4） Hausman 检验统计量的统计诊断。采用基于数据删除模型的诊断方法和基于广义影响函数的诊断方法，对 Hausman 检验统计量的统计诊断问题进行研究。在数据删除模型中，分别考察截面维度的数据和时间维度的数据对 Hausman 统计量的影响。在基于广义影响函数的诊断研究中，本书使用了方差扰动模型、自变量扰动模型和因变量扰动模型，并且每种扰动模型都从截面维度和时间维度分别展开研究。注意，因为 Hausman 检验统计量是基于面板数据模型的协方差估计和广义最小二乘估计及其方差—协方差矩阵构造而成，所以对 Hausman 检验统计量的统计诊断需要使用协方差估计和广义最小二乘估计的统计诊断的相关研究结果。

（5）实际数据应用和解释。使用中国货币政策和财政政策产出效应数据，应用本书的理论研究成果，考察样本数据对模型参数估计和 Hausman 检验统计量的影响，识别异常截面数据和异常时间数据，说明本书提出的诊断统计量的有效性。

### 1.3.2　创新点

本书的创新之处主要体现在以下四个方面：

第一，首次对面板数据固定效应模型的协方差估计进行统计诊断研究。

分别采用基于数据删除模型和广义影响函数的诊断方法，得到了协方差估计的广义 Cook 距离以及异常截面数据和异常时间数据识别的诊断统计量。

第二，首次对面板数据随机效应模型的广义最小二乘估计和极大似然估计进行统计诊断研究。分别采用基于数据删除模型和广义影响函数的诊断方法，得到了广义最小二乘估计的广义 Cook 距离以及异常截面数据和异常时间数据识别的诊断统计量。分别采用基于数据删除模型和 Cook 曲率度量的诊断方法，得到了极大似然估计的似然距离以及异常截面数据和异常时间数据识别的诊断统计量。

第三，首次对面板数据模型选择的 Hausman 检验统计量进行统计诊断研究。应用协方差估计和广义最小二乘估计的统计诊断相关研究结论，分别采用基于数据删除模型和广义影响函数的诊断方法，得到 Hausman 检验统计量的广义 Cook 距离以及异常截面数据和异常时间数据识别的诊断统计量。

第四，本书系统地研究了面板数据模型的统计诊断问题，研究手段多样，理论成果丰富，尤其是将所有诊断统计量应用于实际数据时，结果能得到合理的解释。

## 1.4  本书结构

本书的研究分为 8 章，具体结构安排如下：

第 1 章为绪论，对本书的研究背景和研究意义进行介绍，简要总结了本书主要的研究内容和创新之处，并对本书结构安排进行说明。

第 2 章对统计诊断方法和面板数据模型进行介绍。对于统计诊断方法，本书重点介绍了基于数据删除模型的诊断方法、基于广义影响函数的诊断方法以及基于 Cook 曲率度量的诊断方法；对于面板数据模型，本书重点介绍模型参数估计和设定检验——Hausman 检验，其中参数估计包括固定效应模型的协方差估计、随机效应模型的广义最小二乘估计和极大似然估计。

第 3 章在面板数据固定效应模型下，对协方差估计的统计诊断问题展开研究，采用的研究方法包括基于数据删除模型的诊断方法和基于广义影响函数的诊断方法，得到相应的诊断统计量。因为协方差估计在固定效应和随机效应模型中具有完全相同的形式，所以本章的研究结论也适用于随机效应模型。

第 4 章在面板数据随机效应模型框架下，采用基于数据删除模型的诊断方法和基于广义影响函数的诊断方法，对广义最小二乘估计的统计诊断问题进行研究，并得到相应的诊断统计量。

第 5 章在面板数据随机效应模型框架下，采用基于数据删除模型的诊断方法和基于 Cook 曲率度量的诊断方法，对极大似然估计的统计诊断问题进行研究，得到相应的诊断统计量。

第 6 章采用基于数据删除模型的诊断方法和基于广义影响函数的诊断方法，根据第 3 章和第 4 章的相关结论，对 Hausman 检验统计量的统计诊断问题进行研究，并得到相应的诊断统计量。

第 7 章将本书的理论研究成果应用于中国货币政策和财政政策产出效应数据的实例分析中，说明本书提出的诊断统计量的有效性。

第 8 章对本书的主要研究成果进行总结，并指出未来有待进一步研究的内容和方向。

本书的结构关系见图 1-2。

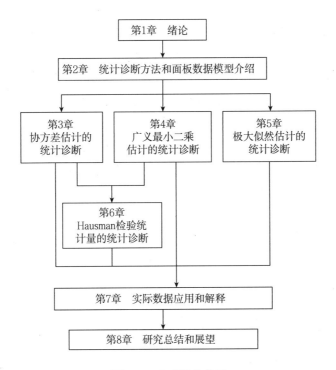

**图 1-2　本书结构关系**

# 第❷章
# 统计诊断方法和面板数据模型介绍

## 2.1 统计诊断方法介绍[①]

统计诊断从 20 世纪六七十年代发展到现在，其理论框架搭建已经趋于完善。综观各种不同的统计诊断方法，其思想内涵大多是对原始模型的某种微小"扰动"[数据删除也是一种扰动，它与均值漂移模型具有等价性，可参见文献 Storer 和 Crowley（1985）、Wei 和 Shi（1994）]，并构建一些合适的诊断统计量来度量"扰动"对模型的影响。直观上来看，如果各个数据点对模型参数估计或假设检验的影响程度大致相当，那么这种微小"扰动"并不会对模型统计推断造成显著的影响。但是，如果出现某个或某些极个别数据，它们的微小"扰动"对模型统计推断带来很强的影响，我们就有理由怀疑这些数据是不是异常点或强影响点。本节介绍的几种统计诊断方法也都是基于"扰动"的思想提出来的，它们虽然是在线性回归模型下发展起来的，但实际上也适用于很多其他更复杂的统计模型。

### 2.1.1 基于数据删除模型的统计诊断方法

基于数据删除模型的诊断方法，又称为总体影响分析法，是最早的统计诊断方法，其基本思想在于，通过比较删除数据模型与未删除数据模型相应统计量之间的差异，判断该数据对统计量影响的程度。具体来说，对于线性回归模型 $Y = X\beta + \varepsilon$，可通过比较第 $i$ 个点 $(x_i, y_i)$ 删除前后统计推

---

[①] 本节方法介绍主要参考韦博成、林金官、解锋昌所编著的《统计诊断》以及 Cook 和 Weisberg 所编著的 *Residuals and Influence in Regression* 相关内容整理而成。

断结果的变化，来检测这个点是否为异常点或强影响点。删除第 $i$ 个点后的模型称为数据删除模型，其矩阵形式可表示为 $Y(i) = X(i)\beta + \varepsilon(i)$。

其中，$Y(i)$，$X(i)$，$\varepsilon(i)$ 表示 $Y$，$X$，$\varepsilon$ 删除第 $i$ 个分量以后的向量或矩阵。

以回归系数 $\beta$ 的统计诊断为例，为了评价第 $i$ 个数据点 $(x_i, y_i)$ 对参数估计 $\hat{\beta}$ 的影响和作用，可实施以下步骤的统计诊断：首先，分别得到原始模型参数估计 $\hat{\beta}$，以及数据删除模型参数估计 $\hat{\beta}(i)$；其次，定义某种合适的"距离" $D_i$，用来度量 $\hat{\beta}$ 和 $\hat{\beta}(i)$ 之间的"差异"，$D_i$ 即称为诊断统计量；最后，分别计算每个数据点删除前后的 $D_i$，通过列表或作散点图，找出其中一个或几个特别大的 $D_i$（也可能没有），则它所对应的数据点就可能为异常点或强影响点。

在数据删除模型中，"距离" $D_i$ 的定义可以有多种不同的形式，其中最著名也是最重要的距离形式有以下四种：

（1）Cook 距离和广义 Cook 距离。它们的数学表达式分别为：

$$D_i = \frac{(\hat{\beta} - \hat{\beta}(i))'X'X(\hat{\beta} - \hat{\beta}(i))}{ps^2} \qquad (2-1)$$

$$GC_i = \|\hat{\beta} - \hat{\beta}(i)\|_M^2 = \frac{(\hat{\beta} - \hat{\beta}(i))^T M(\hat{\beta} - \hat{\beta}(i))}{c} \qquad (2-2)$$

其中，$s^2$ 为模型方差的估计量，$p$ 为未知参数个数；$M$ 为某正定的权矩阵，$c > 0$ 为尺度因子。易见，$D_i$ 和 $GC_i$ 的值越大，$\hat{\beta}$ 和 $\hat{\beta}(i)$ 之间的"差异"也就越大，那么第 $i$ 个数据点对参数估计的影响也就越大。

（2）$DFFITS$ 统计量（也称为 W-K 统计量）。其数学表达式为：

$$DFFITS_i = \frac{\hat{y}_i - \hat{y}_i(i)}{\hat{\sigma}(i)\sqrt{p_{ii}}} = \frac{x_i'(\hat{\beta} - \hat{\beta}(i))}{\hat{\sigma}(i)\sqrt{p_{ii}}}$$

其中，$p_{ii} = x_i'(X'X)^{-1}x_i$。由于 $\mathrm{var}(\hat{y}_i) = \sigma^2 x_i'(X'X)^{-1}x_i = \sigma^2 p_{ii}$，所以，$DFFITS$ 实际上是对数据 $i$ 删除前后拟合值差异的标准化，并且在线性模型下有：

$$DFFITS_i^2 = \frac{(\hat{\beta} - \hat{\beta}(i))'X'X(\hat{\beta} - \hat{\beta}(i))}{\hat{\sigma}^2(i)} = D(X'X, \hat{\sigma}^2(i))$$

因此，$DFFITS$ 也是一种广义的 Cook 距离，它反映了第 $i$ 个观测删除前后模型回归系数之间的差异。

（3）$AP$ 统计量。其数学表达式为：

$$AP_i = \frac{RSS(i) |X(i)'X(i)|}{RSS |X'X|}$$

其中，$RSS$ 为相应模型的残差平方和，$\hat{\sigma}^2 = RSS/(n-p)$，$|var(\hat{\beta})| = |\sigma^2(X'X)^{-1}|$。$RSS(i)/RSS$ 反映了第 $i$ 个数据点对 $\sigma^2$ 估计量的影响，$|X(i)'X(i)|/|X'X|$ 反映了第 $i$ 个数据点对 $\beta$ 估计精度的影响。需要注意的是，$AP_i$ 统计量的值越小，则第 $i$ 个数据点的影响就越大，与大多数诊断统计量刚好相反。

（4）似然距离。其数学表达式为：

$$LD_i = 2\{L(\hat{\theta}) - L(\hat{\theta}(i))\} \tag{2-3}$$

其中，$L(\hat{\theta}(i))$ 为删除第 $i$ 个数据点后模型的最大似然值。因为 $L(\hat{\theta})$ 是整个定义域内的全局最大值，所以 $LD_i \geq 0$ 总是成立。当 $LD_i$ 越大的时候，说明删除第 $i$ 个数据点前后，模型最大似然值的改变量越大，也就说明参数估计 $\hat{\theta}$ 的改变量越大，因而第 $i$ 个数据点对参数估计的影响也就越大。

在大多数情况下，似然函数中同时包含回归系数 $\beta$ 和尺度参数 $\sigma$，但实际上我们感兴趣的一般为回归系数 $\beta$ 的估计。为了减少计算量，我们可以先剔除冗余参数的影响。假设 $\theta$ 中我们感兴趣的部分为 $\theta_1$，剩余部分为 $\theta_2$。首先将 $\theta_1$ 看作固定的，我们可以求出 $\theta_2$ 的极大似然估计 $\tilde{\theta}_2(\theta_1)$，将其代入原始似然函数，就可以得到关于子集参数 $\theta_1$ 的截面似然函数 $L_p(\theta_1) = L(\theta_1, \tilde{\theta}_2(\theta_1))$。对于截面似然函数，第 $i$ 个数据点关于子集参数 $\theta_1$ 的似然距离可以定义为：

$$LD_i(\theta_1 | \theta_2) = 2\{L_p(\hat{\theta}_1) - L_p(\hat{\theta}_1(i))\} \tag{2-4}$$

式（2-4）对原始式（2-3）进行了一些简化，但对于大多数模型，似然距离式（2-4）的显式解仍然难以得到。对此，我们可以采用如下近似公式。对 $L_p(\hat{\theta}_1(i))$ 在 $\hat{\theta}_1$ 处进行 Taylor 展开，取二阶近似得到：

$$L_p(\hat{\theta}_1(i)) \approx L_p(\hat{\theta}_1) + \frac{\partial L_p(\hat{\theta}_1)'}{\partial \theta_1}(\hat{\theta}_1(i) - \hat{\theta}_1) +$$

$$\frac{1}{2}(\hat{\theta}_1(i) - \hat{\theta}_1)' \frac{\partial^2 L_p(\hat{\theta}_1)}{\partial \theta_1 \partial \theta_1'}(\hat{\theta}_1(i) - \hat{\theta}_1)$$

其中，$\frac{\partial L_p(\hat{\theta}_1)}{\partial \theta_1} = 0$。将上式代入式（2-4）可以得到似然距离的近似公

式为：

$$LD_i^I(\theta_1|\theta_2) = -(\hat{\theta}_1-\hat{\theta}_1(i))'\frac{\partial^2 L_p(\hat{\theta}_1)}{\partial\theta_1\partial\theta_1'}(\hat{\theta}_1-\hat{\theta}_1(i)) \qquad (2-5)$$

通过 Taylor 展开后的一阶近似公式给出 $\hat{\theta}_1(i)$ 和 $\hat{\theta}_1$ 之间的关系，我们可以对式（2-5）进一步简化。记删除第 $i$ 个数据点后子集参数 $\theta_1$ 的截面似然函数为 $L_{p(i)}(\theta_1)$，它在 $\hat{\theta}_1(i)$ 处的导数为 0，所以对 $\dot{L}_{p(i)}(\hat{\theta}_1(i))=0$ 在 $\hat{\theta}_1$ 处展开就可以得到：

$$\dot{L}_{p(i)}(\hat{\theta}_1(i)) \approx \dot{L}_{p(i)}(\hat{\theta}_1)+\ddot{L}_{p(i)}(\hat{\theta}_1)(\hat{\theta}_1(i)-\hat{\theta}_1)=0$$

根据上式，我们得到 $\hat{\theta}_1(i)$ 的一阶近似为：

$$\hat{\theta}_1^I(i) = \hat{\theta}_1+\ddot{L}_{p(i)}(\hat{\theta}_1)^{-1}\dot{L}_{p(i)}(\hat{\theta}_1) \qquad (2-6)$$

将式（2-6）代入 $LD_i(\theta_1|\theta_2)$ 的近似公式（2-5）中，逐点计算出 $LD_i^I$（$i=1，2，\cdots，N$），如果存在某个点的似然距离显著大，则该点就可能为强影响点或异常点。

### 2.1.2 基于 Cook 曲率度量的统计诊断方法

数据删除模型因其直观的研究思路而成为统计诊断最基本的方法。但是，当异常点超过一个的时候，基于数据删除模型的统计诊断可能存在"掩盖"（masking）和"淹没"（swamping）的问题。所谓"掩盖"，就是指多个异常点相互作用，导致一个异常点也找不到；所谓"淹没"，就是指把正常点误认为异常点。Cook（1986）在均值漂移模型和方差扩大模型的基础上，提出基于 Cook 曲率度量的统计诊断方法，能在一定程度上避免"掩盖"和"淹没"。我们首先简要介绍均值漂移模型和方差扩大模型。

在原始模型 $y=x^T\beta+\varepsilon$ 的基础上，对第 $i$ 组数据点 $(y_i，x_i^T)$ 增加一个微小扰动 $\gamma$，从而得到异常点识别的均值漂移模型：

$$\begin{cases} y_j=x_j'\beta+\varepsilon_j，j\neq i \\ y_i=x_i'\beta+\gamma+\varepsilon_i \end{cases}$$

对上述模型设计假设检验 $H_0：\gamma=0$，$H_A：\gamma\neq0$。如果均值漂移模型能通过原假设，则说明 $\gamma$ 显著异于零，因而扰动后的模型成立，即原模型不成立，数据点 $(y_i，x_i^T)$ 是异常点；否则，数据点 $(y_i，x_i^T)$ 不是异常点。

方差扩大模型就是对数据点的方差增加扰动，使扰动后模型随机项的方差—协方差矩阵为：

$$\Omega=diag(\omega_1，\omega_2，\cdots，\omega_n)$$

对方差扩大模型进行方差齐性检验：$H_0$：$\Omega = I$，$H_A$：$\Omega \neq I$。如果原假设被拒绝，则说明方差扩大模型中确实存在明显小于 1 的 $\omega_i$，其对应的点可能为异常点。

Cook（1986）从微分几何观点对均值漂移模型和方差扩大模型进行扩展，构建似然距离并利用统计曲率衡量"扰动"的影响，进而识别异常点。具体步骤如下：

第一步，对于给定数据集，假设模型的对数最大似然函数值为 $L(\hat{\theta})$。

第二步，对模型引入扰动 $\omega$（可能为方差扰动、自变量扰动或因变量扰动），得到扰动后模型的对数最大似然函数值为 $L(\hat{\theta}(\omega))$。

第三步，根据扰动前后的最大似然函数值的差异，得到似然距离：

$$LD(\omega) = 2\{L(\hat{\theta}) - L(\hat{\theta}(\omega))\} \tag{2-7}$$

似然距离式（2-7）与式（2-3）类似，扰动前后其改变量越大，说明扰动对参数估计的影响也越大，所以式（2-7）度量了扰动前后参数估计量的差异。一般情况下，直接根据式（2-7）进行计算非常复杂，我们可采用其近似公式。对 $LD(\omega)$ 在零扰动 $\omega_0$ 附近 Taylor 展开，并取二阶近似得到：

$$LD(\omega) = LD(\omega_0) + \frac{\partial LD(\omega_0)'}{\partial \omega}(\omega - \omega_0) + \frac{1}{2}(\omega - \omega_0)'\frac{\partial^2 LD(\omega_0)}{\partial \omega \partial \omega'}(\omega - \omega_0)$$

由于 $\hat{\theta}(\omega_0) = \hat{\theta}$，所以 $LD(\omega_0) = 0$。另外，因为 $\dot{L}(\hat{\theta}(\omega_0)) = 0$，所以

$$\frac{\partial LD(\omega_0)}{\partial \omega} = -2\frac{\partial L(\hat{\theta}(\omega_0))}{\partial \omega} = -2\frac{\partial \theta(\omega_0)}{\partial \omega}\frac{\partial L(\hat{\theta}(\omega_0))}{\partial \theta} = 0$$

根据上式，我们得到似然距离的二阶近似为：

$$LD^{II}(\omega) \approx -(\omega - \omega_0)'\frac{\partial^2 L(\hat{\theta}(\omega_0))}{\partial \omega \partial \omega'}(\omega - \omega_0) \triangleq d'(-\ddot{F})d \tag{2-8}$$

其中，$d = \omega - \omega_0$ 称为扰动方向，$-\ddot{F} = -\frac{\partial^2 L(\hat{\theta}(\omega_0))}{\partial \omega \partial \omega'}$ 称为影响矩阵。计算 $\ddot{F}$ 可得：

$$\ddot{F} = \frac{\partial^2 L(\hat{\theta}(\omega_0))}{\partial \omega \partial \omega'} = \left(\frac{\partial \hat{\theta}(\omega_0)}{\partial \omega'}\right)^T \frac{\partial^2 L(\hat{\theta}(\omega_0))}{\partial \theta \partial \theta'}\frac{\partial \hat{\theta}(\omega_0)}{\partial \omega'} + \frac{\partial L(\hat{\theta}(\omega_0))}{\partial \theta}\frac{\partial^2 \hat{\theta}(\omega_0)}{\partial \omega \partial \omega'}$$

由于 $\dot{L}(\hat{\theta}(\omega_0)) = 0$，所以上式等号右边第二项为零，那么

$$\ddot{F} = \left(\frac{\partial \hat{\theta}(\omega_0)}{\partial \omega'}\right)^T \frac{\partial^2 L(\hat{\theta}(\omega_0))}{\partial \theta \partial \theta'}\frac{\partial \hat{\theta}(\omega_0)}{\partial \omega'} \triangleq G'\ddot{L}(\hat{\theta})G \tag{2-9}$$

另外，对任意的 $\omega$，恒有 $\dfrac{\partial L(\theta\,|\,\omega)}{\partial\theta}\bigg|_{\theta=\hat{\theta}(\omega)}=0$ 成立，该等式对 $\omega$ 求一阶

导数可得

$$\left[\frac{\partial^2 L(\theta\,|\,\omega)}{\partial\theta\partial\theta'}\frac{\partial\hat{\theta}(\omega)}{\partial\omega'}+\frac{\partial^2 L(\theta\,|\,\omega)}{\partial\theta\partial\omega'}\right]_{\theta=\hat{\theta}(\omega)}=0$$

注意，$L(\theta\,|\,\omega_0)=L(\theta)$，$\hat{\theta}(\omega_0)=\hat{\theta}$，所以 $\left[\ddot{L}(\hat{\theta})\,G+\Delta\right]_{\omega_0,\hat{\theta}}=0$，其中，

$\Delta=\dfrac{\partial^2 L(\theta\,|\,\omega)}{\partial\theta\partial\omega'}\bigg|_{\omega_0,\hat{\theta}}$，因此，$G=-\ddot{L}(\hat{\theta})^{-1}\Delta$，代入式（2-9）我们可以得到：

$$\ddot{F}=\Delta'\ddot{L}(\hat{\theta})^{-1}\Delta \tag{2-10}$$

应用式（2-10），我们就可以进行统计诊断研究。具体方法一般分为两种，分别为对角元法和最大特征向量法：

（1）对角元法。求出 $\ddot{F}$ 的所有对角元，分别记为 $\ddot{F}_{11}$，$\ddot{F}_{22}$，$\cdots$，$\ddot{F}_{NN}$，对 $(i,\ -\ddot{F}_{ii})$（$i=1$，$\cdots$，$N$）进行列表或作散点图，如果存在某个对角元 $\ddot{F}_{jj}$ 显著大于其他对角元，则第 $j$ 个数据点就可能为强影响点或异常点。

（2）最大特征向量法。求出 $-\ddot{F}$ 的最大特征值所对应的特征向量，它就是扰动影响最大的方向 $d_{\max}$。对于 $d_{\max}=(d_1,\ \cdots,\ d_N)'$，如果其中某个 $|d_j|$ 的值比其他分量大得多，则说明 $d_j$ 对使似然距离达到最大做出了最大的贡献，因而相应的数据点 $(X_j,\ y_j)$ 就可能为强影响点或异常点。因此，对 $(i,\ |\ (d_{\max})_i\,|)$（$i=1$，$2$，$\cdots$，$N$）进行列表或作散点图，其中数值显著比其他点大的，就对应于强影响点或异常点。

### 2.1.3　基于广义影响函数的统计诊断方法

Shi（1997）、Shi 和 Wang（1999）在 Cook（1986）方法的基础上，构建广义影响函数（GIF）和广义 Cook 距离（GC），替代似然距离，衡量各个数据点的微小"扰动"对有关估计量的影响。如果在扰动影响最大的方向上存在某个分量，其绝对值比其他分量大很多，则说明该分量对于估计量变化做出最大贡献，因而相对应的观测即可视为强影响点或异常点。之所以用新的诊断统计量替代似然距离，是因为似然距离的计算需要对数据分布做事前假定，且通常都假定为正态分布，而实际中当样本量不够大时，正态分布的假定有可能带来偏差。使用广义影响函数和广义 Cook 距离避免了事前的数据分布假定，故而得到的结论就更可靠。

Shi（1997）的广义影响函数（GIF）和广义 Cook 距离（GC）定义

如下：

$$GIF(T, d) = \lim_{a \to 0} \frac{T(\omega_0 + ad) - T(\omega_0)}{a} \qquad (2-11)$$

$$GC(T, d) = \frac{\left[ GIF(T, d) \right]' M \left[ GIF(T, d) \right]}{c} \triangleq d'Fd \qquad (2-12)$$

其中，$T$ 为我们感兴趣的参数估计量或统计量，$\omega = \omega_0 + ad$ 为扰动向量，$d$ 代表扰动方向，$\omega_0$ 为零扰动，$T(\omega_0 + ad)$ 为引入扰动 $\omega$ 后的估计量或统计量，$T(\omega_0) = T$ 为无扰动时的估计量或统计量。对 $T(\omega_0 + ad)$ 在 $a = 0$ 处一阶 Taylor 展开，得到：

$$T(\omega_0 + ad) = T(\omega_0) + a \left. \frac{\partial T(\omega_0 + ad)}{\partial a} \right|_{a=0} + o(a)$$

将上述展开式代入式（2-11），得到简化后的广义影响函数为：

$$GIF(T, l) = \left. \frac{\partial T(\omega_0 + ad)}{\partial a} \right|_{a=0} \qquad (2-13)$$

应用 GIF 和 GC 进行统计诊断，只需运用最大特征向量法，找出矩阵 $F$ 的最大特征值所对应的特征向量，即得到扰动最大方向 $d_{max}$。对 $(i, |(d_{max})_i|)$ $(i = 1, 2, \cdots, N)$ 进行列表或作散点图，其中数值显著比其他点大的，就对应于强影响点或异常点。

### 2.1.4 其他统计诊断方法

以上介绍的诊断方法都是统计诊断的最基本方法，不仅适用于线性回归模型的统计诊断，还可以扩展到线性回归以外的模型。很多其他的统计诊断方法都是在这些方法的基础之上构建的。下面我们介绍另外两种统计诊断方法，它们的研究最终都将归结于基于数据删除模型的统计诊断和基于扰动的统计诊断。

（1）基于 Box-Cox 变换模型的统计诊断。在经典线性回归模型中，为了保证数据尽量满足经典假设，通常的做法是对数据进行某种变换。例如，为了降低模型的异方差性，可以先对原始数据作对数变换，再对变换后的数据建立回归模型。这种做法最先由 Tukey（1957）提出，他所提出的幂变换族为：

$$y(\lambda) = \begin{cases} y^\lambda, & \lambda \neq 0 \\ \log y, & \lambda = 0 \end{cases}$$

但是该变换在 $\lambda = 0$ 处不连续。对此 Box 和 Cox（1964）提出数据的 Box-Cox 变换：

$$y(\lambda) = \begin{cases} \dfrac{y^{\lambda}-1}{\lambda}, & \lambda \neq 0 \\ \log y, & \lambda = 0 \end{cases}$$

对于变化参数 $\lambda$，通常有两种估计方法，即极大似然估计和 Atkinson 估计，具体可参见 Atkinson（1982）、Cook 和 Weisberg（1982）、Carroll 和 Ruppert（1984）。对于变换后的模型，采用数据删除和引入微小"扰动"等诊断方法，考察各个数据点对变换参数 $\lambda$ 的影响。因为变换后的模型直接依赖于 $\lambda$ 的取值，所以对 $\lambda$ 影响最大的数据点显然对模型也具有强影响。

（2）基于 EM 算法的统计诊断。基于 EM 算法的统计诊断方法由 Zhu 和 Lee（2001）、Zhu 等（2001）提出，用来解决一些比较复杂的数据和模型的统计诊断，如带缺失数据或截尾数据的不完全数据、自变量有测量误差的模型等。在思想内涵上，基于 EM 算法的统计诊断与基于 Cook 曲率度量的统计诊断是一致的。两者的区别在于：基于 Cook 曲率度量的诊断方法通过似然函数构造似然距离，用以度量数据删除或扰动对统计量（或估计量）的影响；基于 EM 算法的统计诊断则是通过 Q 函数构造 Q 距离，度量数据删除或扰动对统计量（或估计量）的影响。因为似然函数是 Q 函数的特殊情况，所以基于 EM 算法的统计诊断比基于 Cook 曲率度量的诊断方法适用范围更广。尤其是当某些数据或模型的似然函数很复杂或者难以得到时，基于 Cook 曲率度量的诊断方法可能无法开展，这种情况下就可以使用基于 EM 算法的诊断方法。

除了上述介绍的统计诊断方法外，还有其他一些诊断方法也比较常用，例如 Bayes 统计诊断法、Score 统计诊断法，等等。Weisberg（1983）曾针对回归诊断的研究提出一些原则，具体包括以下内容：

• 诊断方法在既定模型和扰动模型下的统计性质应是已知的或近似已知的。

• 诊断量应尽可能从模型参数化中导出，即尽可能把模型诊断问题归结为参数推断。

• 诊断方法的计算量应尽可能小，诊断量的数值计算应尽可能归结到既定模型有关统计量的计算。

- 诊断方法能够有效使用图法。
- 诊断方法能够提出针对异常数据或强影响数据的处理办法。

但大多数诊断方法一般只能满足其中的一条或几条，所以 Weisberg 的这些原则只能作为当前统计诊断研究的"努力方向"。

## 2.2　面板数据模型[①]

面板数据是我们研究中的一类重要数据形式。相对于单纯时间序列数据和截面数据，面板数据具有很多优点。我们简要摘录 Hsiao（2003）所列出的一些使用面板数据的优点：

其一，面板数据可以控制个体异质性。Moulton（1986，1987）的研究表明，时间序列和横截面数据的分析无法控制不同个体之间的异质性，所以得到的结果可能是有偏的。但是面板数据则可以很好地补充这一不足。

其二，面板数据可以减少解释变量之间的可能的多重共线性，提高模型自由度以及参数估计的有效性。与之相对比，在时间序列分析中，解释变量之间通常具有很强的共线性，对模型造成严重的影响。

其三，使用面板数据模型可以对更复杂的行为模型进行研究。例如，Oh（1996）、Frankel 和 Rose（1996）、Papell（1997，2002，2006）、O'Connell（1998）、Pedroni（1995，2001）等对购买力平价理论的研究；Islam（1995）、Lee 等（1998）、McCoskey 和 Selden（1998）、Rapach（2002）等对经济增长收敛理论的研究；Silver 和 Aidid（1999）使用面板数据两阶段 Probit 模型对消费者购买行为的波动性研究；Kumbhakar（1989）利用面板数据非参数模型对技术有效性的研究；Kao 等（1999）和 Funk（2001）对国际 R&D 溢出效应的研究，等等。

因此，在计量经济学研究中，面板数据模型占有非常重要的地位。本书考察下述单因素误差面板数据回归模型：

$$y_{it} = x_{it}'\beta + \alpha_i + u_{it} \tag{2-14}$$

其中，$i = 1, 2, \cdots, N$ 代表各个截面，如国家；$t = 1, 2, \cdots, T$ 代表

---

① 本节部分内容根据巴尔塔基著，白仲林等译《面板数据计量经济分析》（第 4 版）和 Cheng Hsiao 所编的 *Analysis of Panel Data*（第 2 版）整理得到。

各个时间, 如年份; $y_{it}$ 代表各截面在各时间的因变量, 如 $i$ 国家在第 $t$ 年的国内生产总值; $x_{it}' = (x_{1,it}, x_{2,it}, \cdots, x_{p,it})$ 代表各截面在各时间的 $p \times 1$ 维自变量向量, 如 $i$ 国家在第 $t$ 年的有效劳动力、固定资产投资额, 等等; $\beta$ 为待估计的 $p \times 1$ 维未知参数向量; $\alpha_i$ 代表不可观测的个体的特殊效应; $u_{it}$ 是均值为零的独立同分布随机变量, 代表剩余的扰动项, 即模型忽略的其他因素对因变量的影响。

模型 (2-14) 的矩阵形式为:

$$y = X\beta + Z_\alpha \alpha + u \qquad (2-15)$$

其中, 数据按先 $i$ 后 $t$ 的顺序排序, 例如 $y = (y_{11}, y_{12}, \cdots, y_{1T}, \cdots, y_{N1}, y_{N2}, \cdots, y_{NT})'$; $\alpha = (\alpha_1, \alpha_2, \cdots, \alpha_N)'$ 代表不可观测的个体特殊效应; $Z_\alpha = I_N \otimes \iota_T$ 为虚拟变量矩阵, $\otimes$ 表示 Kronecker 乘积, $\iota_T$ 表示元素全为 1 的 $T$ 阶列向量, $I_N$ 为 $N$ 阶单位矩阵; 误差项 $u$ 满足 $E(u) = 0$, $\text{cov}(u, u) = \sigma^2 I_{NT}$。

面板固定效应模型与面板随机效应模型的区别在于对个体效应 $\alpha$ 的设定不同。对于面板固定效应模型, 个体效应 $\alpha$ 与解释变量 $X$ 相关, 即 $E(\alpha|X) \neq 0$, 此时 $\alpha$ 为待估参数。对于面板随机效应模型, 个体效应 $\alpha$ 与解释变量 $X$ 不相关, 即 $E(\alpha|X) = 0$, 此时 $\alpha$ 可作为个体误差项。

在模型 (2-15) 中, 个体效应 $\alpha$ 的设定之所以重要, 是因为它直接影响到模型参数估计量的性质, Maddala (1971) 和 Mundlak (1978) 曾对此进行讨论。如果解释变量 $X$ 严格外生, 即 $E(\alpha|X) = 0$ 成立时, 模型 (2-15) 的协方差 (CV) 估计, 即最小二乘虚拟变量估计, 在固定效应设定下具有无偏性、一致性、有效性, 在随机效应设定下仅具有无偏性和一致性, 而不是有效的。如果解释变量 $X$ 并不是外生的, 即 $E(\alpha|X) \neq 0$ 成立时, 协方差估计仍具有无偏性, 但模型 (2-15) 的广义最小二乘估计 (GLS) 却是有偏的。Hausman (1978) 正是根据协方差估计和广义最小二乘估计在不同模型设定下的性质表现不同, 构造出面板数据固定效应和随机效应的设定检验——Hausman 检验。此后, Hausman 检验几乎就成为面板数据建模中的必要环节, 就如同时间序列建模中必然需要做单位根检验一样。

对于模型 (2-15), 除了本书将要详细介绍的协方差估计和广义最小估计量外, 还有学者提出了其他估计方法。例如, Hausman 和 Taylor (1981) 给出面板数据模型的工具变量估计; Amemiya 和 MacCurdy (1986)、Breusch

等（1986）在 Hausman 和 Taylor（1981）的基础上，给出更有效的工具变量估计；Cornwell 和 Rupert（1988）从实证的角度，对三者工具变量估计的有效性程度进行分析。此外，Lancaster（2002）给出了针对小型面板数据固定效应模型的极大似然估计。

### 2.2.1　面板数据固定效应模型

在固定效应模型下，个体效应 $\alpha$ 被设定为需要估计的未知参数，随机误差项 $u$ 服从独立同分布，即 $u_{it} \sim IID(0, \sigma^2)$，并且解释变量 $x_{it}$ 对所有的 $i$ 和 $t$ 都与 $u_{it}$ 相互独立。当模型 $N$ 很大时，直接对固定效应模型进行估计，会出现未知参数过多和自由度损失过多的问题。并且实际上，我们感兴趣的是 $\beta$。因此，对模型（2-15）进行某种变换，消除个体效应 $\alpha$，再对变换后的模型进行参数估计，是固定效应模型参数估计的主要思路。在模型（2-15）的两边同时左乘以

$$Q \triangle I_{NT} - P \equiv I_{NT} - Z_\alpha (Z_\alpha{}'Z_\alpha)^{-1} Z_\alpha{}' \tag{2-16}$$

则可达到消除 $\alpha$ 的目的。下面我们来分析这种模型变换处理的内在意义。

首先，对 $Z_\alpha{}'Z_\alpha$ 和 $Z_\alpha Z_\alpha{}'$ 进行展开，可以发现：

$$Z_\alpha{}'Z_\alpha = (I_N \otimes \iota_T)'(I_N \otimes \iota_T) = (I_N \otimes \iota_T{}')(I_N \otimes \iota_T) = I_N \otimes (\iota_T{}'\iota_T) = T \cdot I_N$$

$$Z_\alpha Z_\alpha{}' = (I_N \otimes \iota_T)(I_N \otimes \iota_T)' = (I_N \otimes \iota_T)(I_N \otimes \iota_T{}') = I_N \otimes (\iota_T \iota_T{}') = I_N \otimes J_T$$

其中，$J_T$ 是元素全为 1 的 $T$ 阶方阵。将上述两式代入式（2-16）中得到：

$$Q = I_{NT} - I_N \otimes \bar{J}_T = I_N \otimes (I_T - \bar{J}_T) \tag{2-17}$$

其中，$\bar{J}_T$ 是元素全为 $1/T$ 的 $T$ 阶方阵。对因变量 $y$ 左乘式（2-17），可以发现：

$$Qy = \begin{pmatrix} I_T - \bar{J}_T & & \\ & \ddots & \\ & & I_T - \bar{J}_T \end{pmatrix} \begin{pmatrix} y_1 \\ \vdots \\ y_N \end{pmatrix} = \begin{pmatrix} (I_T - \bar{J}_T) y_1 \\ \vdots \\ (I_T - \bar{J}_T) y_N \end{pmatrix}$$

其中

$$(I_T - \bar{J}_T) y_i = \begin{pmatrix} 1-1/T & \cdots & -1/T \\ \vdots & \ddots & \vdots \\ -1/T & \cdots & 1-1/T \end{pmatrix} \begin{pmatrix} y_{i1} \\ \vdots \\ y_{iT} \end{pmatrix} = \begin{pmatrix} y_{i1} - \bar{y}_i \\ \vdots \\ y_{iT} - \bar{y}_i \end{pmatrix}$$

由上式可以看出，在模型（2-15）两边同时左乘 $Q$，实际上是对面板数据进行了去除组内均值的处理，从而得到消除个体效应的新模型：

$$Qy = QX\beta + Q\varepsilon \qquad (2-18)$$

对于模型（2-18）做普通最小二乘（OLS）估计，得到固定效应模型的协方差（CV）估计为：

$$\hat{\beta}_{CV} = (X'QX)^{-1}X'Qy, \ \mathrm{var}(\hat{\beta}_{CV}) = \sigma^2(X'QX)^{-1} \qquad (2-19)$$

### 2.2.2 面板数据随机效应模型

对于面板数据随机效应模型，一般采用两种估计方法，即广义最小二乘估计和极大似然估计。此外，虽然在面板数据随机效应模型中 $\alpha$ 是随机变量，但也可以参照面板数据固定效应模型参数估计的处理方法，将随机效应模型中的 $\alpha$ 消除，从而得到面板随机效应模型的协方差估计如式（2-19）所示。但是，这种处理方法会降低模型的自由度，从而使 $\hat{\beta}_{CV}$ 在面板数据随机效应模型下不具有有效性。下面我们分别介绍面板数据随机效应模型的广义最小二乘估计和极大似然估计方法。

#### 2.2.2.1 广义最小二乘估计

在面板数据随机效应模型中，个体效应 $\alpha_i$ 被设定为独立同分布随机变量，即 $\alpha_i \sim IID(0, \sigma_\alpha^2)$，并且对所有 $t$，$\alpha_i$ 与随机误差项 $u_{it}$ 相互独立，对所有 $i$ 和 $t$，解释变量 $x_{it}$ 与 $\alpha_i$、$u_{it}$ 相互独立。由于个体效应 $\alpha_i$ 是随机变量，不是待估参数，因此在固定效应模型估计中出现的参数过多和自由度损失过多的问题就不存在了。此时模型（2-15）的误差项由个体误差项 $\alpha_i$ 和剩余随机误差项 $u_{it}$ 两部分构成。不妨记模型整体误差项为 $\varepsilon = Z_\alpha \alpha + u$，则模型（2-15）的方差—协方差矩阵：

$$\Omega \triangle E(\varepsilon\varepsilon') = E(Z_\alpha \alpha\alpha' Z_\alpha' + uu') \qquad (2-20)$$

注意，因为 $\alpha$ 与 $u$ 相互独立，所以式（2-20）的右边不含有 $Z_\alpha \alpha u'$ 或 $u\alpha' Z_\alpha'$ 项。由前面的计算可知 $Z_\alpha Z_\alpha' = I_N \otimes J_T$，所以对式（2-20）进行计算可得到：

$$\Omega = \sigma_\alpha^2(I_N \otimes J_T) + \sigma^2(I_N \otimes I_T) \qquad (2-21)$$

根据式（2-21）可得到面板数据随机效应模型的广义最小二乘估计为：

$$\hat{\beta}_{GLS} = (X'\Omega^{-1}X)^{-1}X'\Omega^{-1}y, \ \mathrm{var}(\hat{\beta}_{GLS}) = (X'\Omega^{-1}X)^{-1} \qquad (2-22)$$

Hsiao（2003）对 $\hat{\beta}_{CV}$ 和 $\hat{\beta}_{GLS}$ 之间的关系进行过说明：若固定 $N$，令 $T\rightarrow$ □，则 $\hat{\beta}_{GLS}\rightarrow\hat{\beta}_{CV}$，并且 $\mathrm{var}(\sqrt{T}\hat{\beta}_{GLS})\rightarrow\mathrm{var}(\sqrt{T}\hat{\beta}_{CV})$。这是因为当 $T\rightarrow$□时，每个个体 $i$ 的观测量都是无穷大的，所以我们可以认为 $\alpha_i$ 是一经取出就不再放回的随机变量，这样个体效应 $\alpha_i$ 可看作是一个固定参数。

### 2.2.2.2  极大似然估计

当模型（2-15）为随机效应模型时，假设 $\alpha$ 和 $u$ 均服从正态分布，则模型整体误差项 $\varepsilon=y-X\beta$ 也服从正态分布，其方差—协方差阵 $\Omega$ 如式（2-21）所示。为简化运算，记 $P_w\triangleq T^{-1}(I_N\otimes\iota_T\iota_T')=I_N\otimes\bar{J}_T$，$Q_w=I_{NT}-P_w$，那么 $\Omega$ 可改写为：

$$\Omega=\sigma^2(Q_w+\varphi^{-1}P_w)$$

其中，$\varphi=\sigma^2/(\sigma^2+T\sigma_\alpha^2)$。注意到 $P_w$ 和 $Q_w$ 均为投影阵，即对称幂等阵。易知，$|\Omega|^{-1}=\sigma^{2NT}\varphi^N$，$\Omega^{-1}=\sigma^{-2}(Q_w+\varphi P_w)$。因此，面板数据随机效应模型（2-15）的对数似然函数为：

$$L(\beta,\ \sigma^2,\ \varphi)=C-\frac{NT}{2}\log\sigma^2+\frac{N}{2}\log\varphi-\frac{1}{2}\sigma^{-2}\varepsilon'(Q_w+\varphi P_w)\varepsilon \quad (2\text{-}23)$$

但是直接利用式（2-23）中似然函数求解极大似然估计存在几个难点。首先，Amemiya（1971）发现，直接对面板数据随机效应模型的似然函数进行求解，所得到的一阶条件是非线性的，这会使求解过程非常复杂，需要借助迭代技术来寻找最大值点，从而对数值计算技术的要求比较高。其次，Maddala 和 Nerlove（1971）的研究表明，随机效应模型的似然函数不是全局凹的，因此可能存在多个局部最大值。最后，对随机效应模型的极大似然函数直接求解，可能得到负的方差估计量，或者，即使是添加方差非负的限制性条件，也只能在边界上求得最大值。

随机效应模型具有线性回归的模式，而迭代 GLS 估计法对这类模型的极大似然函数求解有很多优势。Oberhoffer 和 Kmenta（1974）证明了迭代 GLS 一定能收敛到似然函数的局部最大值点。基于随机效应模型和迭代 GLS 的上述特点，Breusch（1987）使用迭代 GLS 法得到随机效应模型的极大似然估计，其求解思路为：首先，将似然函数中的未知参数分为回归系数类参数以及协方差矩阵类参数两类；其次，通过固定协方差矩阵类参数得到似然函数关于回归系数类参数的最大值，通过固定回归系数类参数得到似然函数关于协方差矩阵类参数的最大值；最后，对协方差矩阵类参数估计值和回归系数类参数估计值进行迭代，将最终的收敛值作为似然函数的最大值。Breusch 的具体求解过程如下：

在似然函数（2-23）中，当 $\beta$ 和 $\varphi$ 的估计值给出后，$\sigma^2$ 的估计值就确定了，即

$$\hat{\sigma}^2 = (NT)^{-1}(y - \hat{X\beta})'(Q_w + \hat{\varphi}P_w)(y - \hat{X\beta}) \tag{2-24}$$

将式（2-24）代入式（2-23）中，可减少似然函数中未知参数的个数。此时得到面板数据随机效应模型的集中化似然函数为：

$$L^*(\beta, \varphi) = C^* - \frac{NT}{2}\ln\{\varepsilon'(Q_w + \varphi P_w)\varepsilon\} + \frac{N}{2}\ln\varphi \tag{2-25}$$

固定式（2-25）中的一个未知参数，对另一个未知参数求似然函数的最大化，由此得到面板随机效应模型的极大似然估计的迭代解，即

固定 $\beta$，求似然函数（2-25）关于 $\varphi$ 的最大值，得到：

$$\varphi = \frac{\varepsilon' Q_w \varepsilon}{(T-1)\varepsilon' P_w \varepsilon} \tag{2-26}$$

固定 $\varphi$，求似然函数（2-25）关于 $\beta$ 的最大值，得到：

$$\beta = [X'(Q_w + \varphi P_w)X]^{-1}X'(Q_w + \varphi P_w)y \tag{2-27}$$

此外，Hsiao（2003）还介绍了基于 Newton-Raphson 迭代法求解面板数据随机效应模型极大似然估计的方法。

### 2.2.3  面板数据模型的 Hausman 检验

在前面，我们曾介绍过个体效应 $\alpha$ 固定性和随机性的设定会影响到面板数据模型参数估计的性质。仔细观察各种估计量有效的情境，我们可以发现，当 $E(\alpha_i | x_{it}) \neq 0$ 时，参数的协方差估计在固定性和随机性两种设定下均为无偏和一致的；当 $E(\alpha_i | X_{it}) = 0$ 时，参数的广义最小二乘估计在固定性设定下不仅是有偏的，而且是非一致的，但在随机性设定下却是无偏和一致的。正是基于这种观察，Hausman（1978）建议，可通过比较 $\hat{\beta}_{GLS}$ 和 $\hat{\beta}_{CV}$ 检验个体效应的固定性和随机性，即面板数据模型的设定。建立如下假设检验：

$$H_0 : E(\alpha | X) = 0, \ H_A : E(\alpha | X) \neq 0$$

在原假设 $E(\alpha | X) = 0$ 条件下，无论 $H_0$ 是否为真，$\hat{\beta}_{CV}$ 都是一致的，而 $\hat{\beta}_{GLS}$ 仅仅在 $H_0$ 为真的条件下是 BLUE 的、一致的和渐近有效的。构建 Hausman 检验统计量如下：

$$H = (\hat{\beta}_{CV} - \hat{\beta}_{GLS})'[\,\mathrm{var}(\hat{\beta}_{CV}) - \mathrm{var}(\hat{\beta}_{GLS})\,]^{-1}(\hat{\beta}_{CV} - \hat{\beta}_{GLS}) \qquad (2\text{-}28)$$

其中，$H$ 中的参数由式（2-19）和式（2-22）给出。Hausman（1978）证明，在原假设 $H_0$ 下，式（2-28）中的 $H$ 渐近服从 $\chi^2_{(p)}$，其中 $p$ 为未知参数 $\beta$ 的维度。

需要特别指出的是，统计量 $H$ 不能直接进行计算，因为其中含有未知参数 $\sigma^2_\alpha$ 和 $\sigma^2$。在实际计算时，需使用它们的一致估计量 $\hat{\sigma}^2_\alpha$ 和 $\hat{\sigma}^2$ 进行替代：

$$\hat{\sigma}^2 = \sum_{i=1}^{N} \sum_{t=1}^{T} \left[ (y_{it} - \bar{y}_i) - (x_{it} - \bar{x}_i)'\hat{\beta}_{CV} \right]^2 / (NT - N - p) \qquad (2\text{-}29)$$

$$\hat{\sigma}^2_\alpha = \frac{1}{N-p} \sum_{i=1}^{N} (\bar{y}_i - \bar{x}_i'\hat{\beta}_b) - \frac{1}{T}\hat{\sigma}^2 \qquad (2\text{-}30)$$

其中，$\bar{y}_i$、$\bar{x}_i$ 分别为因变量和自变量的组内均值；$\hat{\beta}_b$ 为面板数据模型的组间估计，即以截面个体的均值序列为对象，对模型 $\bar{y}_i = \bar{x}_i'\beta + \bar{\varepsilon}_i$ 进行 OLS 估计得到的估计量。

Hausman（1978）证明了替代前后的 $H$ 是渐近同分布的。考虑 $\sigma^2_\alpha$ 和 $\sigma^2$ 的未知性，并不会给我们带来更多的启发，而只是增加了理论推导的复杂性。因此，在后面的理论推导过程中，将 $\sigma^2_\alpha$ 和 $\sigma^2$ 看作已知，而在数值实例中，使用 $\sigma^2_\alpha$ 和 $\sigma^2$ 的一致估计量进行替代。

### 2.2.4 其他面板数据模型理论

除了上述研究外，很多文献围绕面板数据模型理论的其他方面展开讨论：

#### 2.2.4.1 动态面板数据模型

在动态面板数据模型中，因变量的滞后项作为解释变量，回归因子的严格外生性就不再成立，Anderson 和 Hsiao（1982）、Nickell（1981）表明，如果面板数据的 $N$ 很大而 $T$ 很小，动态固定效应模型的协方差（CV）估计就是有偏的。另外，动态随机效应模型的极大似然估计（MLE）和广义最小二乘（GLS）估计是否具有一致性，则依赖于模型的初始值以及 $T$ 和 $N$ 趋于无穷的方式，但是模型的工具变量（IV）估计和广义矩（GMM）估计总是一致的。Nerlove（1967，1971）使用蒙特卡罗模拟实验研究了动态面板数据模型 MLE 的性质；Anderson 和 Hsiao（1981）比较了两个不同工具变量的渐近有效性；Arellano 和 Bond（1991）提出一种动态面板数据模型的 GMM 估计量。理论上来说，增加矩条件的个数可以提高 GMM 的渐近有效性，但 Ziliak（1997）发现，随着矩条件个数的增加，GMM 估计会严重向下有偏。因此，在面板数据应用中，不建议使用过多的矩条件进行参数估计，相关讨论可参考 Judson 和 Owen（1999）、Kiviet（1995）、Wansbeek 和 Bekker（1996）。

### 2.2.4.2 面板数据单位根检验

Robertson 和 Symons（1992）在研究中发现，有些动态异方差面板模型的组内均值估计不具有一致性。由此引发研究者对面板数据稳定性的关注，而 Levin 和 Lin（1992, 1993）无疑是这个领域的先驱者，提出面板数据模型单位根的 LL 检验方法。Im 等（2003）对 LL 检验进行拓展，提出拉格朗日乘子（LM）和 $\bar{t}$ 两个统计量，即面板数据模型单位根的 IPS 检验，并利用有限样本实验证明，IPS 检验表现较 LL 检验更好。Maddala 和 Wu（1999）基于 Fisher 组合统计量的思想，利用时间序列 ADF 检验中显著性水平 $p_i$ 值的对数和构造了面板数据单位根的组合 $p$ 值检验。注意，LL 检验和 IPS 检验均为渐近检验，而组合 $p$ 值检验是精确检验，所以组合 $p$ 值检验得到的结论更为可靠。但是，Maddala 和 Wu（1999）通过蒙特卡洛模拟试验发现，当误差项 $\xi_{i,t}$ 存在同期相关性时，LL 检验、IPS 检验以及组合 $p$ 值检验统计量的分布（或渐近分布）结论会发生变化，因而无法正确判断面板数据的平稳性。所以，同期截面相关的面板单位根检验是未来研究的重点。Chang（2003）和 Breitung、Das（2005）对此进行了有益的讨论。

### 2.2.4.3 面板数据协整检验

归纳起来，面板数据的协整检验大致有两种研究方向：第一种检验方法以不存在协整关系作为原假设，代表文献有 Pedroni（1995, 1997）和 Kao（1999）；第二种检验方法以存在协整关系作为原假设，代表文献有 McCoskey 和 Kao（1998）。两者均基于面板模型回归残差构建，这一点与时间序列的协整检验相似。后来，Phillips 和 Moon（1999, 2000）进一步对面板数据回归模型的完全调整估计量进行了深入的研究。Larsson 等（2001）基于似然函数对异方差面板模型的协整检验进行讨论。Gutierrez（2003）利用 Monte Carlo 模拟比较了上述三种面板协整检验的检验势，发现对同方差面板模型，当 $T$ 较小时 Kao 检验的检验势要高于 Pedroni 检验，当 $T$ 较大时 Kao 检验的检验势则要低于 Pedroni 检验，并且两者的检验势均高于 Larsson 检验。

除上述面板数据模型理论外，Mayer（1986）讨论了面板序列相关的问题；Amemiya 和 Macurdy（1986）为面板误差分量模型提供一种 IV 估计；Manski（1987）讨论了二项面板数据随机效应模型的半参数估计问题；Montalvo（1997）提出固定效应计数面板数据模型的一种广义矩估计方法，用以解决当解释变量不是严格外生时传统的条件极大似然法估计的非一致性；Mark 和 Sul（1999）还对面板协整模型的参数估计进行了研究；Hubler（2006）提出多水平、非线性面板数据模型；Hong 和 Kao（2004）基于小波分析提出一种检验面板模型序列相关性的方法。

# 第❸章
# 协方差估计的统计诊断

在面板数据固定效应模型中，不可观测的个体特殊效应 $\alpha$ 被视为与解释变量相关的需要估计的固定参数。例如，当我们研究某班级毕业生的工资水平时，解释变量可以包含所在行业、最高学历、性别等一系列变量，而工资水平同时也与个人能力息息相关，但是个人能力却是不可观测的。在这种情况下，我们可以采用面板数据固定效应模型，以 $\alpha$ 解释所有没包含在模型中的个体特殊效应，并且对于固定的个体，$\alpha_i$ 在整个观测期间保持不变。

在面板数据固定效应模型中，未知参数个数为 $N+p$，如果直接使用普通最小二乘法（OLS）进行参数估计，会出现待估参数过多和自由度损失过大的问题。在大多数情况下，我们想研究的是可观测解释变量与因变量之间的关系，所以对于面板数据固定效应模型的参数估计，我们一般先采用组内去均值的方法消除个体效应，再采用普通最小二乘法估计参数。用这种方法得到的估计量被称为"协方差（CV）估计"。

实际上，协方差估计不仅适用于面板数据固定效应模型，也适用于面板数据随机效应模型。但在不同的模型设定下，协方差估计的性质有所不同：对于本身具有固定效应的面板数据采用协方差估计，得到的估计量是无偏、一致和有效的；对于本身具有随机效应的面板数据采用协方差估计，得到的估计量虽然也具有无偏性和一致性，但却不是有效的，这是因为在协方差估计的过程中，消除个体效应的处理会降低模型自由度，尤其当面板数据的横截面维度 $N$ 很大时，会导致模型自由度的大量损失。

消除个体效应后的面板数据模型如式（2–18）所示：

$$Qy = QX\beta + Qu$$

对上述模型做普通最小二乘估计，得到面板数据模型的协方差估计如式（2-19）所示：

$$\hat{\beta}_{CV} = (X'QX)^{-1}X'Qy, \quad \mathrm{var}(\hat{\beta}_{CV}) = \sigma^2(X'QX)^{-1}$$

目前，鲜有文献在面板数据固定效应模型下讨论参数估计的统计诊断问题。Chen（2008）曾采用 Whittle 谱方法研究面板数据固定效应模型下异常点的探测和识别，并通过调整的傅里叶逆变换得到似然比诊断统计量。但是他研究的是固定效应模型的 Whittle 极大似然估计，并且模型误差项具有 ARIMA 形式，而这种误差设定形式和参数估计方法在目前固定效应模型应用中并不常见。与之相比，协方差估计具有估计方法简单、操作方便的优点，而且在理论研究方面也更完善，不存在学术争议，在实证应用中面板数据固定效应模型也广泛采用协方差估计方法。所以本章对协方差估计的统计诊断，在理论和应用方面都具有较高的价值。

这里需要特别强调的是，由于协方差估计在面板数据固定效应模型和随机效应模型下均具有相同的形式，所以本章的研究既是对固定效应模型协方差估计的统计诊断，也是对随机效应模型协方差估计的统计诊断。另外需要指出的是，协方差估计的方差—协方差矩阵含有未知参数 $\sigma^2$，在实际参数估计中，$\sigma^2$ 一般是根据它的一致估计量（2-29）得到的。所以本章将 $\sigma^2$ 视为已知，在第 7 章数值实例部分，使用它的一致估计量（2-29）进行替代。

本章内容安排如下：

第 3.1 节采用数据删除模型对协方差估计的统计诊断问题进行研究。由于面板数据同时包含了横截面维度和时间维度的信息，所以数据删除又可以细分为截面数据删除和时间数据删除。

第 3.2 节采用基于广义影响函数的诊断方法展开研究。考察了三种常见扰动方式，即方差扰动、自变量扰动和因变量扰动，并且每种扰动方式都被进一步细分为按截面扰动和按时间扰动。在不同扰动模型下，通过广义 Cook 距离度量各种扰动对协方差估计的影响，作为协方差估计中异常点识别的诊断统计量。

## 3.1  基于数据删除模型的统计诊断

为了考察各个数据点对协方差估计的影响程度是否存在显著差异，我们可以在原始数据的基础上逐个删除数据点，通过比较数据删除前后协方差估计的改变量，就可以判断该数据点在协方差估计中所发挥的作用。对于面板数据模型，从截面维度删除数据，构造广义 Cook 距离度量数据删除前后协方差估计的改变量，我们可以看出该截面数据对于协方差估计的影响程度；从时间维度删除数据，采用广义 Cook 距离度量数据删除前后协方差估计的改变量，我们可以看出该时间的数据对协方差估计的影响程度。下面我们将分别从这两个维度研究数据删除模型下协方差估计的统计诊断问题。

### 3.1.1 基于截面数据删除的统计诊断

对原始面板数据模型（2-15），删除第 $i$ 个截面的所有观测，我们得到截面数据删除的面板数据模型：

$$y(i)=X(i)\beta+Z_\alpha(i)\alpha(i)+u(i) \tag{3-1}$$

其中，$y(i)$、$X(i)$、$\alpha(i)$、$u(i)$ 分别表示 $y$、$X$、$\alpha$、$u$ 删除第 $i$ 个截面以后的向量或矩阵，以因变量为例，即 $y(i)=(y_1',\ \cdots,\ y_{i-1}',\ y_{i+1}',\ \cdots,\ y_N')'$；$Z_\alpha(i)=I_{N-1}\otimes\iota_T$。

为了消除模型（3-1）中的个体效应 $\alpha(i)$，在此模型两边同时左乘矩阵

$$Q(i)\triangleq I-P(i)=I-Z_\alpha(i)\big[Z_\alpha(i)'Z_\alpha(i)\big]^{-1}Z_\alpha(i)'=I_{N-1}\otimes(I_T-\bar J_T)$$

注意，$Q(i)$ 为对称幂等阵。这样，我们就得到去除组内均值的面板数据模型

$$Q(i)y(i)=Q(i)X(i)\beta+Q(i)u(i) \tag{3-2}$$

使用普通最小二乘法对模型（3-2）进行参数估计，得到删除第 $i$ 个截面后面板数据模型的协方差估计及其方差—协方差矩阵分别为：

$$\hat\beta_{CV}(i)=(X(i)'Q(i)X(i))^{-1}X(i)'Q(i)y(i) \tag{3-3}$$

$$\mathrm{var}(\hat\beta_{CV}(i))=\sigma^2(X(i)'Q(i)X(i))^{-1} \tag{3-4}$$

下面我们将考察截面数据删除模型的协方差估计 $\hat\beta_{CV}(i)$ 与未删除数据模型的协方差估计 $\hat\beta_{CV}$ 之间的关系。分别对 $X(i)'Q(i)X(i)$ 和 $X'QX$ 展开得到：

$$X(i)'Q(i)X(i)=\sum_{j=1,\ j\neq i}^{N}X_j'(I_T-\bar J_T)X_j$$

$$X'QX=\sum_{i=1}^{N}X_i'(I_T-\bar J_T)X_i$$

由上述两式可以看出：

$$X(i)'Q(i)X(i) = X'QX - X_i'(I_T - \bar{J}_T)X_i \tag{3-5}$$

同理，$X(i)'Q(i)y(i)$ 与 $X'Qy$ 满足关系式：

$$X(i)'Q(i)y(i) = X'Qy - X_i'(I_T - \bar{J}_T)y_i \tag{3-6}$$

另外，根据附录引理 1 的和式求逆公式，得到式（3-5）的逆矩阵

$$(X(i)'Q(i)X(i))^{-1} = (X'QX - X_i'(I_T - \bar{J}_T)X_i)^{-1} = (X'QX)^{-1} + C_1$$

$$\tag{3-7}$$

其中，$C_1 = (X'QX)^{-1}X_i'(I_T - \bar{J}_T)X_i[I - (X'QX)^{-1}X_i'(I_T - \bar{J}_T)X_i]^{-1}(X'QX)^{-1}$。

将式（3-6）和式（3-7）代入式（3-3），我们可得到 $\hat{\beta}_{CV}(i)$ 与 $\hat{\beta}_{CV}$ 之间的数学关系式为：

$$\hat{\beta}_{CV}(i) = ((X'QX)^{-1} + C_1)(X'Qy - X_i'(I_T - \bar{J}_T)y_i) = \hat{\beta}_{CV} + C_2 \tag{3-8}$$

其中，$C_2 = C_1(X'Qy - X_i'(I_T - \bar{J}_T)y_i) - (X'QX)^{-1}X_i'(I_T - \bar{J}_T)y_i$。

根据式（3-4）和式（3-7），我们还可以得到 $\mathrm{var}(\hat{\beta}_{CV}(i))$ 与 $\mathrm{var}(\hat{\beta}_{CV})$ 之间的数学关系式为：

$$\mathrm{var}(\hat{\beta}_{CV}(i)) = \sigma^2((X'QX)^{-1} + C_1) = \mathrm{var}(\hat{\beta}_{CV}) + \sigma^2 C_1 \tag{3-9}$$

利用式（3-8）和式（3-9），以原始面板数据模型协方差估计量的方差—协方差矩阵的逆矩阵 $\mathrm{var}(\hat{\beta}_{CV})^{-1}$ 作为加权矩阵，那么在截面数据删除模型（3-1）下，$\hat{\beta}_{CV}(i)$ 与 $\hat{\beta}_{CV}$ 之间的广义 Cook 距离可以定义为：

$$D_i = \frac{(\hat{\beta}_{CV} - \hat{\beta}_{CV}(i))'X'QX(\hat{\beta}_{CV} - \hat{\beta}_{CV}(i))}{p\hat{\sigma}^2} = \frac{C_2'X'QXC_2}{p\hat{\sigma}^2} \tag{3-10}$$

其中，$\hat{\sigma}^2$ 为 $\sigma^2$ 的一致估计量，由式（2-29）给出。在式（3-10）中，$D_i$ 度量第 $i$ 个截面的数据删除前后协方差估计量的改变，通过对 $(i, D_i)$（$i = 1, 2, \cdots, N$）进行列表或作散点图，其中数值显著大的点对应的截面，对协方差估计的作用也比其他截面更大，因而就可能为面板数据模型协方差估计中的强影响截面的观测值或异常截面的观测值。

### 3.1.2 基于时间数据删除的统计诊断

对原始面板数据模型（2-15），删除 $t$ 时刻的所有观测值，得到时间数据删除下的面板数据模型为：

$$y(t) = X(t)\beta + Z_\alpha(t)\alpha(t) + u(t) \tag{3-11}$$

其中，$y(t)$、$X(t)$、$\alpha(t)$、$u(t)$ 分别表示 $y$、$X$、$\alpha$、$u$ 删除 $t$ 时间观

测以后的向量或矩阵，以因变量为例，$y(t) = (y_1(t)', \cdots, y_i(t)', \cdots,$ $y_N(t)')'$，其中 $y_i(t)' = (y_{i1}, \cdots, y_{i,t-1}, y_{i,t+1}, \cdots, y_{it})'$；$Z_\alpha(t) = I_N \otimes \iota_{T-1}$，$\iota_{T-1}$ 为元素全为 1 的 $T-1$ 维列向量。注意，模型（3-11）是非平衡面板（unbalanced panel），时间间隔不相等，但是因为我们考察的是单因素误差回归模型，不含不可观测的特殊的时间效应，因此时间间隔不等并不会改变模型的参数估计。在模型（3-11）两边同时左乘以矩阵：

$$Q(t) \triangle I - P(t) = I - Z_\alpha(t)[Z_\alpha(t)'Z_\alpha(t)]^{-1}Z_\alpha(t) = I_N \otimes (I_{T-1} - \bar{J}_{T-1})$$

得到消除了个体效应的面板数据模型：

$$Q(t)y(t) = Q(t)X(t)\beta + Q(t)u(t)$$

使用普通最小二乘法对上述模型进行参数估计，我们就可以得到时间数据删除的面板数据模型（3-11）的协方差估计及其方差—协方差矩阵：

$$\hat{\beta}_{CV}(t) = (X(t)'Q(t)X(t))^{-1}X(t)'Q(t)y(t)$$

$$= (\sum_{i=1}^{N} X_i(t)'(I_{T-1} - \bar{J}_{T-1})X_i(t))^{-1} \sum_{i=1}^{N} X_i(t)'(I_{T-1} - \bar{J}_{T-1})y_i(t)$$

$$(3-12)$$

$$\mathrm{var}(\hat{\beta}_{CV}(t)) = \sigma^2 (\sum_{i=1}^{N} X_i(t)'(I_{T-1} - \bar{J}_{T-1})X_i(t))^{-1} \qquad (3-13)$$

对式（3-12）和式（3-13）中的 $X_i(t)'(I_{T-1} - \bar{J}_{T-1})X_i(t)$ 进一步分解得到：

$$X_i(t)'(I_{T-1} - \bar{J}_{T-1})X_i(t) = X_i(t)'X_i(t) - X_i(t)'\bar{J}_{T-1}X_i(t)$$

$$= \sum_{k=1}^{T} x_{ik}x_{ik}' - x_{it}x_{it}' - \frac{1}{T}(\sum_{s=1}^{T}\sum_{k=1}^{T} x_{ik}x_{is}' - \sum_{k=1}^{T} x_{ik}x_{it}'$$

$$- \sum_{k=1}^{T} x_{it}x_{ik}' + x_{it}x_{it}')$$

$$= \sum_{k=1}^{T} x_{ik}x_{ik}' - \frac{1}{T}\sum_{s=1}^{T}\sum_{k=1}^{T} x_{ik}x_{is}' - x_{it}x_{it}' + \frac{1}{T}(\sum_{k=1}^{T} x_{ik}x_{it}'$$

$$+ \sum_{k=1}^{T} x_{it}x_{ik}' - x_{it}x_{it}')$$

在上式中我们发现 $\sum_{k=1}^{T} x_{ik}x_{ik}' - \frac{1}{T}\sum_{s=1}^{T}\sum_{k=1}^{T} x_{ik}x_{is}' = X_i'(I_T - \bar{J}_T)X_i$，所以 $X_i'$ $(I_T - \bar{J}_T)X_i$ 和 $X_i(t)'(I_{T-1} - \bar{J}_{T-1})X_i(t)$ 之间满足如下的数学关系式：

$$X_i(t)'(I_{T-1} - \bar{J}_{T-1})X_i(t) = X_i'(I_T - \bar{J}_T)X_i - C_{3i}$$

其中，$C_{3i} = x_{it}x_{it}{}' - \dfrac{1}{T}(\sum_{k=1}^{T} x_{ik}x_{it}{}' + \sum_{k=1}^{T} x_{it}x_{ik}{}' - x_{it}x_{it}{}')$。同理我们还可以得

到 $X'_i(I_T - \bar{J}_T)y_i$ 和 $X_i(t)'(I_{T-1} - \bar{J}_{T-1})y(t)$ 之间的数学关系式为：

$$X_i(t)'(I_{T-1} - \bar{J}_{T-1})y(t) = X'_i(I_T - \bar{J}_T)y_i - C_{4i}$$

其中，$C_{4i} = x_{it}y_{it} - \dfrac{1}{T}(\sum_{k=1}^{T} x_{ik}y_{it} + \sum_{k=1}^{T} x_{it}y_{ik} - x_{it}y_{it})$。根据上述两个等式关

系易知：

$$X(t)'Q(t)X(t) = X'QX - C_3 \qquad (3\text{-}14)$$

$$X(t)'Q(t)y(t) = X'Qy - C_4 \qquad (3\text{-}15)$$

其中，$C_3 = \sum_{i=1}^{N} C_{3i}$，$C_4 = \sum_{i=1}^{N} C_{4i}$。利用附录引理 1 中的和式求逆公式，

取 $A = X'QX$，$M = C_3$，$N = I$，我们得到式（3-14）的逆矩阵为：

$$(X(t)'Q(t)X(t))^{-1} = (X'QX)^{-1} + C_5 \qquad (3\text{-}16)$$

其中，$C_5 = (X'QX)^{-1}C_3(I + (X'QX)^{-1}C_3)^{-1}(X'QX)^{-1}$。将式（3-15）

和式（3-16）代入式（3-12）和式（3-13）中，易知 $\hat{\beta}_{CV}(t)$ 与 $\hat{\beta}_{CV}$ 及其

方差—协方差矩阵满足关系式：

$$\hat{\beta}_{CV}(t) = ((X'QX)^{-1} + C_5)(X'Qy - C_4) \triangleq \hat{\beta}_{CV} + C_6 \qquad (3\text{-}17)$$

$$\mathrm{var}(\hat{\beta}_{CV}(t)) = \sigma^2(X'QX)^{-1} + \sigma^2 C_5 = \mathrm{var}(\hat{\beta}_{CV}) + \sigma^2 C_5 \qquad (3\text{-}18)$$

其中，$C_6 = C_5(X'Qy - C_4) - (X'QX)^{-1}C_4$。

基于式（3-17）和式（3-18），以 $\mathrm{var}(\hat{\beta}_{CV})^{-1}$ 作为加权矩阵，时间数

据删除式（3-11）下 $\hat{\beta}_{CV}(t)$ 与 $\hat{\beta}_{CV}$ 之间的广义 Cook 距离就可以定义为：

$$D_t = \frac{(\hat{\beta}_{CV} - \hat{\beta}_{CV}(t))'X'QX(\hat{\beta}_{CV} - \hat{\beta}_{CV}(t))}{p\hat{\sigma}^2} = \frac{C_6{}'X'QXC_6}{p\hat{\sigma}^2} \qquad (3\text{-}19)$$

其中，$\hat{\sigma}^2$ 为 $\sigma^2$ 的一致估计量，由式（2-29）给出。式（3-19）中

的 $D_t$ 反映了删除第 $t$ 时间的数据前后协方差估计的改变量。该改变量越大，

说明第 $t$ 时间的数据对协方差估计的影响也越大。所以，对 $(t, D_t)$（$t = 1$，

$2, \cdots, T$）进行列表或作图，其中数值显著更大的点所对应的，就可能为面

板数据模型协方差估计的强影响时间的观测值或异常时间的观测值。

## 3.2 基于广义影响函数的统计诊断

基于数据删除模型对协方差估计进行统计诊断，一次只对一个数据

点引入"扰动"（删除数据），由此可能带来"掩盖"（masking）问题。与之相比，基于广义影响函数的诊断方法，则是同时对所有数据点都引入微小"扰动"。直观来看，正常数据在微小"扰动"下，并不会显著加强其对协方差估计的影响；但是异常数据在微小"扰动"下，可能会将异常性表现得更显著，使其对协方差估计有更大的影响。并且，利用基于广义影响函数的诊断方法，我们还可以同时对多个异常点进行识别。下面我们将采用三种扰动模型，即方差加权扰动模型、自变量扰动模型和因变量扰动模型，考察协方差估计的统计诊断。我们的目标是得到不同扰动情况下的广义影响函数，并据以构建衡量协方差估计在扰动前后改变量的广义 Cook 距离，最后应用最大特征向量法进行统计诊断。

### 3.2.1 方差扰动下的统计诊断

对于消除了个体效应的面板数据模型（2-18），模型方差来自误差项 $u$，其方差—协方差矩阵为 $\text{cov}(u, u) = \sigma^2 I_{NT} = \sigma^2(I_N \otimes I_T)$。构建如下方差扰动模型：

$$Qy = QX\beta + Qu(\omega) \qquad (3-20)$$

其中，$\omega$ 为扰动向量，将其分解为零扰动 $\omega_0$ 与扰动方向 $d$ 上长度为 $a$ 的扰动之和，即 $\omega = \omega_0 + ad$，$\|d\| = 1$，$u(\omega_0) = u$。扰动后误差项的方差协方差矩阵：

$$\text{cov}(u(\omega), u(\omega)) = \sigma^2 W \qquad (3-21)$$

由于面板数据模型的协方差估计是对消除了个体效应模型的普通最小二乘估计，所以协方差估计与模型的方差—协方差矩阵无关。因此，方差加权扰动（3-20）并不会改变面板数据模型的协方差估计量，即

$$\hat{\beta}_{CV}(\omega) = \hat{\beta}_{CV} \qquad (3-22)$$

那么，扰动（3-20）下的广义影响函数和广义 Cook 距离就为 0。但是我们注意到，对于扰动后的协方差估计式（3-21），其方差—协方差矩阵发生了改变：

$$\text{cov}(\hat{\beta}_{CV}(\omega), \hat{\beta}_{CV}(\omega)) = (X'QX)^{-1}X'Q\text{cov}(u(\omega), u(\omega))QX(X'QX)^{-1}$$

$$(3-23)$$

所以，误差项的方差—协方差矩阵改变，也将会影响到协方差估计的方差—协方差矩阵。

由于面板数据同时包含截面和时间双重维度，因此，方差扰动模型也

可以从这两个角度进行考察，即对误差项 $u$ 的方差按截面扰动和按时间扰动。在不同的扰动情况下，$\omega$ 具有不同的维度。

### 3.2.1.1 误差项 $u$ 的方差按截面扰动

当模型（3-20）表示对误差项 $u$ 的方差按截面扰动时，扰动向量为 $\omega=(\omega_1,\ \omega_2,\ \cdots,\ \omega_N)'$。扰动后误差项 $u(\omega)$ 的方差—协方差矩阵为：

$$\mathrm{cov}(u(\omega),\ u(\omega))=\sigma^2(W\otimes I_T) \tag{3-24}$$

其中，$W=diag(\omega)=I_N+aD$，$D=diag(d)$。将扰动（3-24）代入式（3-23）中，得到扰动后协方差估计的方差—协方差矩阵为：

$$\mathrm{var}(\hat{\beta}_{CV}(\omega))=\sigma^2(X'QX)^{-1}X'Q(W\otimes I_T)QX(X'QX)^{-1}$$

应用附录引理 2 中实数的矩阵函数求导公式，得到上式在 $a=0$ 处的一阶偏导数为：

$$
\begin{aligned}
\left.\frac{\partial \mathrm{var}(\hat{\beta}_{CV}(\omega))}{\partial a}\right|_{a=0} &= \sigma^2(X'QX)^{-1}X'Q\left.\frac{\partial(W\otimes I_T)}{\partial a}\right|_{a=0}QX(X'QX)^{-1}\\
&= \sigma^2(X'QX)^{-1}X'Q(D\otimes I_T)QX(X'QX)^{-1} \tag{3-25}
\end{aligned}
$$

### 3.2.1.2 误差项 $u$ 的方差按时间扰动

当模型（3-20）表示对误差项 $u$ 的方差按时间扰动时，扰动向量 $\omega=(\omega_1,\ \omega_2,\ \cdots,\ \omega_T)'$。扰动后，面板数据模型的误差项 $u(\omega)$ 的方差—协方差矩阵为：

$$\mathrm{cov}(u(\omega),\ u(\omega))=\sigma^2(I_N\otimes W) \tag{3-26}$$

其中，$W=diag(\omega)=I_T+aD$，$D=diag(d)$。在扰动（3-26）下，面板数据模型协方差估计的方差—协方差矩阵为：

$$\mathrm{var}(\hat{\beta}_{CV}(\omega))=\sigma^2(X'QX)^{-1}X'Q(I_N\otimes W)QX(X'QX)^{-1}$$

应用附录引理 2 中实数的矩阵函数求导公式，得到上式在 $a=0$ 处一阶偏导数为：

$$
\begin{aligned}
\left.\frac{\partial \mathrm{var}(\hat{\beta}_{CV}(\omega))}{\partial a}\right|_{a=0} &= \sigma^2(X'QX)^{-1}X'Q\left.\frac{\partial(I_N\otimes W)}{\partial a}\right|_{a=0}QX(X'QX)^{-1}\\
&= \sigma^2(X'QX)^{-1}X'Q(I_N\otimes D)QX(X'QX)^{-1} \tag{3-27}
\end{aligned}
$$

## 3.2.2 自变量扰动下的统计诊断

对面板数据模型（2-15）中的自变量引入扰动 $\omega$，得到扰动后的模

型为

$$Qy = QX(\omega)\beta + Qu \qquad (3\text{-}28)$$

其中，扰动向量 $\omega$ 可分解为零扰动 $\omega_0$ 与方向 $d$ 上长度为 $a$ 的扰动之和，即 $\omega = \omega_0 + ad$，$\|d\| = 1$，$X(\omega_0) = X$。使用普通最小二乘法得到扰动后的面板数据模型（3-28）的协方差估计及其方差—协方差矩阵分别为：

$$\hat{\beta}_{CV}(\omega) = (X(\omega)'QX(\omega))^{-1}X(\omega)'Qy \qquad (3\text{-}29)$$

$$\mathrm{var}(\hat{\beta}_{CV}(\omega)) = \sigma^2(X(\omega)'QX(\omega))^{-1} \qquad (3\text{-}30)$$

根据式（2-11）中广义影响函数的定义，我们得到面板数据模型协方差估计在扰动 $\omega$ 下的广义影响函数为：

$$GIF(\beta_{CV},\ d) = \lim_{a\to 0}\frac{\hat{\beta}_{CV}(\omega_0 + ad) - \hat{\beta}_{CV}}{a} \qquad (3\text{-}31)$$

对于广义影响函数（3-31），以面板数据模型协方差估计的方差—协方差矩阵的逆矩阵 $\mathrm{var}(\hat{\beta}_{CV})^{-1}$ 作为加权矩阵，构造如下广义 Cook 距离：

$$GC(\beta_{CV},\ d) = GIF(\beta_{CV},\ d)'X'QX\big[\,GIF(\beta_{CV},\ d)\,\big]/p\hat{\sigma}^2 \qquad (3\text{-}32)$$

其中，$\hat{\sigma}^2$ 为 $\sigma^2$ 的一致估计量，由式（2-29）给出。下面我们将分别从自变量按截面扰动和按时间扰动两个角度，对扰动模型（3-28）展开讨论。

### 3.2.2.1 自变量按截面扰动

当扰动模型（3-28）代表对自变量按截面扰动时，扰动向量 $\omega = (\omega_1,\ \cdots,\ \omega_N)'$。扰动后面板数据模型的自变量 $X(\omega)$ 与扰动前面板数据模型自变量 $X$ 之间的数学关系可表示为：

$$X(\omega) = X + a\left(d\otimes\iota_T\right)p_i' =
\begin{pmatrix}
x_{11,1} & \cdots & x_{11,i}+ad_1 & \cdots & x_{11,p} \\
\vdots & & \vdots & & \vdots \\
x_{1T,1} & \cdots & x_{1T,i}+ad_1 & \cdots & x_{1T,p} \\
\vdots & & \vdots & & \vdots \\
x_{N1,1} & \cdots & x_{N1,i}+ad_N & \cdots & x_{N1,p} \\
\vdots & & \vdots & & \vdots \\
x_{NT,1} & \cdots & x_{NT,i}+ad_N & \cdots & x_{NT,p}
\end{pmatrix} \qquad (3\text{-}33)$$

其中，$p_i = (0,\ \cdots,\ 1,\ \cdots,\ 0)'$ 为第 $i$ 个元素为 1 其他元素全为 0 的 $p$ 阶列向量。扰动（3-33）实质上是对第 $i$ 个自变量按截面引入扰动 $\omega$。根据式（3-33）分解 $X(\omega)'QX(\omega)$ 和 $X(\omega)'Qy$ 得到：

$$X(\omega)'QX(\omega) = (X+a(d\otimes\iota_T)p_i')'Q(X+a(d\otimes\iota_T)p_i') \triangleq X'QX+C_1$$
$$(3\text{-}34)$$

$$X(\omega)'Qy = (X+a(d\otimes\iota_T)p_i')'Qy = X'Qy+ap_i(d\otimes\iota_T)'Qy \quad (3\text{-}35)$$

其中，$C_1 = aX'Q(d\otimes\iota_T)p_i'+ap_i(d\otimes\iota_T)'QX+o(a^2)$。

应用附录引理 1 中和式求逆公式，取 $A=X'QX$，$M=C_1$，$N=I$，得到式（3-34）的逆矩阵为：

$$(X(\omega)'QX(\omega))^{-1} = (X'QX)^{-1}-C_2 \quad (3\text{-}36)$$

其中，$C_2 = (X'QX)^{-1}C_1(I+(X'QX)^{-1}C_1)^{-1}(X'QX)^{-1}$。将式（3-35）和式（3-36）代入式（3-29）和式（3-30），可得到面板数据模型在自变量扰动（3-33）下的协方差估计及其方差—协方差矩阵分别为：

$$\hat{\beta}_{CV}(\omega) = ((X'QX)^{-1}-C_2)(X'Qy+ap_i(d\otimes\iota_T)'Qy)$$
$$(3\text{-}37)$$
$$= \hat{\beta}_{CV}+a(X'QX)^{-1}p_i(d\otimes\iota_T)'Qy-C_2X'Qy+o(a^2)$$

$$\mathrm{var}(\hat{\beta}_{CV}(\omega)) = \sigma^2((X'QX)^{-1}-C_2) = \mathrm{var}(\hat{\beta}_{CV})-\sigma^2C_2 \quad (3\text{-}38)$$

注意到在上式中，当 $a=0$ 时，$C_1=C_2=0$，并且

$$\lim_{a\to 0}\frac{C_2}{a} = (X'QX)^{-1}(X'Q(d\otimes\iota_T)p_i'+p_i(d\otimes\iota_T)'QX)(X'QX)^{-1}$$

$$(3\text{-}39)$$

将式（3-37）和式（3-39）代入式（3-31）中，我们可以得到扰动（3-33）对面板数据模型协方差估计的广义影响函数为：

$$GIF(\beta_{CV},d) = (X'QX)^{-1}p_i(d\otimes\iota_T)'Qy$$
$$-(X'QX)^{-1}(X'Q(d\otimes\iota_T)p_i'+p_i(d\otimes\iota_T)'QX)\hat{\beta}_{CV}$$
$$= (X'QX)^{-1}p_i(d\otimes\iota_T)'Q\hat{e}_{CV}-(X'QX)^{-1}X'Q(d\otimes\iota_T)p_i'\hat{\beta}_{CV}$$

其中，$\hat{e}_{CV}=y-X\hat{\beta}_{CV}$。在上式中，$(d\otimes\iota_T)'Q\hat{e}_{CV}=(Q\hat{e}_{CV})'(d\otimes\iota_T)$，$p_i'\hat{\beta}_{CV}=\hat{\beta}_{CV,i}$，所以上述广义影响函数可以进一步改写为：

$$GIF(\beta_{CV},d) = (X'QX)^{-1}C_3(d\otimes\iota_T) \quad (3\text{-}40)$$

其中，$C_3 = p_i(Q\hat{e}_{CV})'-X'\hat{Q}\hat{\beta}_{CV,i}$，$\hat{\beta}_{CV,i}$ 为 $\hat{\beta}_{CV}$ 的第 $i$ 个分量。利用式（3-40），结合式（3-32），我们就可以得到扰动（3-33）下面板数据模型协方差估计的广义 Cook 距离为：

$$GC(\beta_{CV},d) = (d\otimes\iota_T)'C_3'(X'QX)^{-1}C_3(d\otimes\iota_T)/p\hat{\sigma}^2 \quad (3\text{-}41)$$

式（3-41）中，$C_3'(X'QX)^{-1}C_3$ 显然为对称矩阵。所以，根据附录引理 4，式（3-41）总是可以改写为 $d'Fd$ 的形式。并且附录引理 5 告诉我

们，$F$ 的最大特征值对应的特征向量与使式（3-41）达到最大的扰动方向 $d_{max}$ 成比例。对 $(i, |(d_{max})_i|)(i=1, 2, \cdots, N)$ 进行列表或作散点图，其中数值显著比其他点大的，对应于面板数据模型协方差估计的强影响截面的观测值或异常截面的观测值。

### 3.2.2.2 自变量按时间扰动

当扰动模型（3-28）代表对自变量按时间扰动时，扰动向量 $\omega = (\omega_1, \cdots, \omega_T)'$。扰动后面板数据模型的自变量 $X(\omega)$ 与扰动前面板数据模型自变量 $X$ 之间的数学关系可表示为：

$$X(\omega)=X+a(\iota_N\otimes d)p_i'=\begin{pmatrix} x_{11,1} & \cdots & x_{11,i}+ad_1 & \cdots & x_{11,p} \\ \vdots & & \vdots & & \vdots \\ x_{1T,1} & \cdots & x_{1T,i}+ad_T & \cdots & x_{1T,p} \\ \vdots & & \vdots & & \vdots \\ x_{N1,1} & \cdots & x_{N1,i}+ad_1 & \cdots & x_{N1,p} \\ \vdots & & \vdots & & \vdots \\ x_{NT,1} & \cdots & x_{NT,i}+ad_T & \cdots & x_{NT,p} \end{pmatrix} \tag{3-42}$$

所以，扰动（3-42）实际上是对第 $i$ 个自变量按时间引入扰动 $\omega$。利用式（3-42）展开 $X(\omega)'QX(\omega)$ 和 $X(\omega)'Qy$ 得到：

$$X(\omega)'QX(\omega)=(X+a(\iota_N\otimes d)p_i')'Q(X+a(\iota_N\otimes d)p_i') \triangleq X'QX+C_4 \tag{3-43}$$

$$X(\omega)'Qy=(X+a(\iota_N\otimes d)p_i')'Qy=X'Qy+ap_i(\iota_N\otimes d)'Qy \tag{3-44}$$

其中，$C_4=aX'Q(\iota_N\otimes d)p_i'+ap_i(\iota_N\otimes d)'QX+o(a^2)$。应用附录引理1中的和式求逆公式得到式（3-43）的逆矩阵为：

$$(X(\omega)'QX(\omega))^{-1}=(X'QX)^{-1}-C_5 \tag{3-45}$$

其中，$C_5=(X'QX)^{-1}C_4(I+(X'QX)^{-1}C_4)^{-1}(X'QX)^{-1}$。将式（3-44）和式（3-45）代入式（3-29）和式（3-30），我们就得到自变量按时间扰动模型（3-42）下面板数据模型协方差估计及其方差—协方差矩阵：

$$\hat{\beta}_{CV}(\omega)=((X'QX)^{-1}-C_5)(X'Qy+ap_i(\iota_N\otimes d)'Qy) \tag{3-46}$$

$$=\hat{\beta}_{CV}+a(X'QX)^{-1}p_i(\iota_N\otimes d)'Qy-C_5X'Qy+o(a^2)$$

$$var(\hat{\beta}_{CV}(\omega))=\sigma^2((X'QX)^{-1}-C_5) \tag{3-47}$$

注意，在式（3-46）、式（3-47）中，当 $a=0$ 时，$C_4=C_5=0$，并且

$$\lim_{a \to 0} \frac{C_5}{a} = (X'QX)^{-1}(X'Q(\iota_N \otimes d)p_i' + p_i(\iota_N \otimes d)'QX)(X'QX)^{-1}$$

$$(3\text{-}48)$$

根据扰动前后协方差估计的改变量（3-46），以及自变量扰动模型下的广义影响函数（3-31），我们可以得到扰动（3-42）对面板数据模型协方差估计的广义影响函数为：

$$
\begin{aligned}
GIF(\beta_{CV}, d) &= (X'QX)^{-1}p_i(\iota_N \otimes d)'Qy \\
&\quad -(X'QX)^{-1}(X'Q(\iota_N \otimes d)p_i' + p_i(\iota_N \otimes d)'QX)(X'QX)^{-1}X'Qy \\
&= (X'QX)^{-1}(p_i(\iota_N \otimes d)'Q\hat{e}_{CV} - X'Q(\iota_N \otimes d)p_i'\hat{\beta}_{CV})
\end{aligned}
$$

因为上式中，$(\iota_N \otimes d)'Q\hat{e}_{CV}$ 和 $p_i'\hat{\beta}_{CV}$ 均为标量，所以上式中的广义影响函数可进一步改写为：

$$
\begin{aligned}
GIF(\beta_{CV}, d) &= (X'QX)^{-1}(p_i(Q\hat{e}_{CV})' - X'Q\hat{\beta}_{CV,i})(\iota_N \otimes d) \\
&= (X'QX)^{-1}C_3(\iota_N \otimes d)
\end{aligned}
$$

$$(3\text{-}49)$$

将式（3-49）代入式（3-32）中，就可以得到扰动（3-39）下面板数据模型协方差估计的广义 Cook 距离为：

$$GC(\beta_{CV}, d) = (\iota_N \otimes d)'C_3'(X'QX)^{-1}C_3(\iota_N \otimes d)/p\hat{\sigma}^2 \qquad (3\text{-}50)$$

应用附录引理 4 和引理 5，我们知道式（3-50）总是可以改写为 $d'Fd$ 的形式，并且使式（3-50）达到最大的扰动方向 $d_{max}$ 与 $F$ 的最大特征值所对应的特征向量成比例。对 $(t, |(d_{max})_t|)$ $(t=1, 2, \cdots, T)$ 进行列表或作散点图，其中数值显著比其他点大的，对应于面板数据模型协方差估计的强影响时间的观测值或异常时间的观测值。

我们注意到，自变量按截面扰动的广义影响函数（3-40）与自变量按时间扰动的广义影响函数（3-49），以及相应扰动下的广义 Cook 距离式（3-41）和式（3-50），它们之间仅存在非常细微的差别。这些差别将体现在根据附录引理 4 求取影响矩阵 $F$ 的过程中，进而影响到不同维度扰动下的最大扰动方向 $d_{max}$。

### 3.2.3 因变量扰动下的统计诊断

对消除个体效应的面板数据模型的因变量引入扰动 $\omega$，扰动后的模型为：

$$Qy(\omega) = QX\beta + Qu \qquad (3\text{-}51)$$

其中，扰动向量 $\omega=\omega_0+ad$，即零扰动 $\omega_0$ 与方向 $d$ 上长度为 $a$ 的扰动之和，$\|d\|=1$，$y(\omega_0)=y$。我们同样从截面扰动和时间扰动两个角度，考察扰动模型（3-51）对面板数据模型协方差估计及其方差—协方差矩阵的影响。

使用普通最小二乘法对模型（3-51）进行参数估计，我们得到因变量扰动模型下面板数据模型的协方差估计及其方差—协方差矩阵分别为：

$$\hat{\beta}_{CV}(\omega)=(X'QX)^{-1}X'Qy(\omega) \tag{3-52}$$

$$\mathrm{var}(\hat{\beta}_{CV}(\omega))=\sigma^2(X'QX)^{-1}=\mathrm{var}(\hat{\beta}_{CV}) \tag{3-53}$$

由式（3-53）我们知道，因变量扰动对面板数据模型协方差估计的方差—协方差矩阵并没有影响。

### 3.2.3.1 因变量按截面扰动

当扰动模型（3-51）表示对面板数据模型的因变量按截面扰动时，扰动向量 $\omega=(\omega_1,\cdots,\omega_N)'$。扰动后模型因变量 $y(\omega)$ 与扰动前模型因变量 $y$ 之间的数学关系为：

$$y(\omega)=y+a(d\otimes\iota_T)$$
$$=(y_{11}+ad_1,\cdots,y_{1T}+ad_1,\cdots,y_{N1}+ad_N,\cdots,y_{NT}+ad_N)' \tag{3-54}$$

利用式（3-54）对 $X'Qy(\omega)$ 进行展开，得到 $X'Qy(\omega)=X'Qy+aX'Q(d\otimes\iota_T)$，代入式（3-52）得到扰动（3-54）下的面板数据模型协方差估计为：

$$\hat{\beta}_{CV}(\omega)=\hat{\beta}_{CV}+a(X'QX)^{-1}X'Q(d\otimes\iota_T) \tag{3-55}$$

根据式（3-55）易知，扰动（3-54）对协方差估计的广义影响函数为：

$$GIF(\beta_{CV},d)=\lim_{a\to0}\frac{\hat{\beta}_{CV}(\omega_0+ad)-\hat{\beta}_{CV}}{a}=(X'QX)^{-1}X'Q(d\otimes\iota_T) \tag{3-56}$$

以 $\mathrm{var}(\hat{\beta}_{CV})^{-1}$ 作为加权矩阵，利用式（3-56）中的广义影响函数，构造扰动（3-54）下面板数据模型协方差估计的广义 Cook 距离：

$$GC(\beta_{CV},d)=GIF(\beta_{CV},d)'X'QX[GIF(\beta_{CV},d)]/p\hat{\sigma}^2$$
$$=(d\otimes\iota_T)'QX(X'QX)^{-1}X'Q(d\otimes\iota_T)/p\hat{\sigma}^2 \tag{3-57}$$
$$=(d\otimes\iota_T)'P_{QX}(d\otimes\iota_T)/p\hat{\sigma}^2$$

其中，$P_{QX}=QX(X'QX)^{-1}X'Q$ 为 $QX$ 的"帽子阵"。

应用附录引理 4 和引理 5，广义 Cook 距离（3-57）总是可以改写为 $d'Fd$ 的形式，并且使式（3-57）达到最大的扰动方向 $d_{max}$ 与 $F$ 最大特征值所对应的特征向量成比例。对 $(i, |(d_{max})_i|)$ $(i = 1, 2, \cdots, N)$ 进行列表或作散点图，其中数值显著比其他点大的，对应于面板数据模型协方差估计的强影响截面的观测值或异常截面的观测值。

### 3.2.3.2  因变量按时间扰动

当扰动模型（3-51）表示对面板数据模型的因变量按时间扰动时，扰动向量 $\omega = (\omega_1, \cdots, \omega_T)'$。扰动后模型因变量 $y(\omega)$ 与扰动前模型因变量 $y$ 之间的数学关系为：

$$
\begin{aligned}
y(\omega) &= y + a(\iota_N \otimes d) \\
&= (y_{11} + ad_1, \cdots, y_{1T} + ad_T, \cdots, y_{N1} + ad_1, \cdots, y_{NT} + ad_T)'
\end{aligned}
$$

$$(3-58)$$

将扰动（3-58）代入式（3-52）并展开，易知扰动（3-58）下的面板数据模型协方差估计为：

$$
\hat{\beta}_{CV}(\omega) = \hat{\beta}_{CV} + a(X'QX)^{-1}X'Q(\iota_N \otimes d) \tag{3-59}
$$

根据式（3-59）中扰动前后协方差估计之间的数学关系式，我们可以得到扰动（3-58）对面板数据模型协方差估计的广义影响函数：

$$
GIF(\beta_{CV}, d) = \lim_{a \to 0} \frac{\hat{\beta}_{CV}(\omega_0 + ad) - \hat{\beta}_{CV}}{a} = (X'QX)^{-1}X'Q(\iota_N \otimes d) \tag{3-60}
$$

以 $\mathrm{var}(\hat{\beta}_{CV})^{-1}$ 作为加权矩阵，由式（3-60）中的广义影响函数得到扰动（3-58）下的面板数据模型协方差估计的广义 Cook 距离：

$$
\begin{aligned}
GC(\beta_{CV}, d) &= GIF(\beta_{CV}, d)'X'QX[GIF(\beta_{CV}, d)]/p\hat{\sigma}^2 \\
&= (\iota_N \otimes d)'QX(X'QX)^{-1}X'Q(\iota_N \otimes d)/p\hat{\sigma}^2 \\
&= (\iota_N \otimes d)'P_{QX}(\iota_N \otimes d)/p\hat{\sigma}^2
\end{aligned} \tag{3-61}
$$

应用附录引理 4 和引理 5，广义 Cook 距离（3-61）总是可以改写为 $d'Fd$ 的形式，并且使式（3-61）达到最大的扰动方向 $d_{max}$ 与 $F$ 最大特征值所对应的特征向量成比例。对 $(t, |(d_{max})_t|)$ $(t = 1, 2, \cdots, T)$ 进行列表或作散点图，其中数值显著比其他点大的，对应于面板数据模型协方差估计的强影响时间的观测值或异常时间的观测值。

# 第❹章
# 广义最小二乘估计的统计诊断

在随机效应的设定下，面板数据模型中不可观测的个体特殊效应被假定是与模型解释变量独立的随机变量。例如，当面板数据的 $N$ 个个体是随机抽样于一个总体，那么随机效应模型就是恰当的设定。面板数据随机效应模型的参数估计可直接采用广义最小二乘（GLS）法得到，而不存在固定效应模型中出现的待估参数过多和自由度损失过大的问题。在面板数据随机效应模型下，虽然协方差估计也是无偏和一致的，但并不是有效的。所以随机效应模型一般采用广义最小二乘法得到参数估计。本章将在面板数据随机效应模型框架下，讨论广义最小二乘估计的统计诊断问题。模型的参数估计由式（2-22）给出，即

$$\hat{\beta}_{GLS} = (X'\Omega^{-1}X)^{-1}X'\Omega^{-1}y, \ \mathrm{var}(\hat{\beta}_{GLS}) = (X'\Omega^{-1}X)^{-1}$$

其中，$\Omega = \sigma_\alpha^2(I_N \otimes J_T) + \sigma^2(I_N \otimes I_T)$。需要指出的是，上述估计量中含有未知参数 $\sigma^2$ 和 $\sigma_\alpha^2$，在实际参数估计中，一般使用式（2-29）和式（2-30）中的一致估计量 $\hat{\sigma}^2$ 和 $\hat{\sigma}_\alpha^2$ 进行替代。所以在理论推导中，我们不妨将它们看作已知。

Chen 和 Shi（2008）曾采用 Score 诊断法对面板数据随机效应模型中的异常点识别进行过一些讨论，并提出 LM 诊断统计量。但是他们的研究没有具体针对模型的广义最小二乘估计，并且研究方法主要是基于方差漂移模型，对扰动来源也没有做进一步细分。与该研究相比，本章专门讨论面板数据随机效应模型广义最小二乘估计的统计诊断，在方法论方面，不仅使用了基于数据删除的诊断方法，还使用了基于广义影响函数的诊断方法，后者又包括了方差扰动模型、自变量扰动模型和因变量扰动模型。另外，根据面板数据的二维特性，每种诊断模型又可以从截面维度和时间维度分别展开讨论。

本章内容安排如下：第4.1节基于数据删除模型的统计诊断，从截面和时间两个维度，分别构建诊断统计量，用以识别对广义最小二乘估计具有强影响的截面数据和时间数据；第4.2节基于广义影响函数的统计诊断，使用三种常见的扰动模型对广义最小二乘估计的统计诊断做进一步研究，并且，每种扰动模型又可以分为按截面扰动和按时间扰动两种形式，通过不同形式的扰动可以看出，不同维度的数据对广义最小二乘估计的影响程度是否存在显著差异，从而识别广义最小二乘估计的强影响截面或异常截面观测值，以及强影响时间或异常时间观测值。

# 4.1 基于数据删除模型的统计诊断

面板数据同时包含了时间维度和截面维度的数据，所以基于数据删除的诊断方法就可以相应从截面数据删除和时间数据删除两个角度展开讨论。如果各个截面在广义最小二乘估计中所起作用大致相当，那么删除第 $i$ 个截面的所有观测值，并不会导致广义最小二乘估计的显著改变。相反，如果删除第 $i$ 个截面的所有观测值后，广义最小二乘估计发生了显著的改变，那就说明该截面的数据在广义最小二乘估计中起到了很强的作用。基于这样的研究理念，通过考察第 $i$ 个截面删除前后广义最小二乘估计的差异，就可以判断该截面的数据是否是强影响截面或异常截面数据。同样的道理，通过考察第 $t$ 时间的观测删除前后广义最小二乘估计的差异，就可以判断该时间的数据是否是强影响时间或异常时间的数据。以下将分别考虑这两种情况下的数据删除模型。

## 4.1.1 基于截面数据删除的统计诊断

对于原始面板数据随机效应模型，删除第 $i$ 个截面的所有观测值后，模型可以表示为：

$$y(i) = X(i)\beta + Z_\alpha(i)\alpha(i) + u(i) \tag{4-1}$$

其中，$y(i)$、$X(i)$、$\alpha(i)$、$u(i)$ 分别为对应变量删除第 $i$ 个截面以后的向量或矩阵；$Z_\alpha(i) = I_{N-1} \otimes \iota_T$。模型（4-1）的方差—协方差矩阵为：

$$\Omega(i) = \sigma_\alpha^2(I_{N-1} \otimes J_T) + \sigma^2(I_{N-1} \otimes I_T) \triangleq I_{N-1} \otimes V_T$$

其中，$V_T = \sigma_\alpha^2 J_T + \sigma^2 I_T$。使用广义最小二乘估计法，我们就得到模型

（4-1）的广义最小二乘估计及其方差—协方差矩阵分别为：

$$\hat{\beta}_{GLS}(i) = (X(i)'\Omega(i)^{-1}X(i))^{-1}X(i)'\Omega(i)^{-1}y(i) \quad (4-2)$$

$$\mathrm{var}(\hat{\beta}_{GLS}(i)) = (X(i)'\Omega(i)^{-1}X(i))^{-1} \quad (4-3)$$

因为 $\Omega(i)^{-1} = I_{N-1} \otimes V_T^{-1}$，所以对 $X(i)'\Omega(i)^{-1}X(i)$ 进行展开得到：

$$X(i)'\Omega(i)^{-1}X(i) = \sum_{j=1}^{N} X_j' V_T^{-1} X_j - X_i' V_T^{-1} X_i = X'\Omega^{-1}X - X_i' V_T^{-1} X_i$$

$$(4-4)$$

同理，对 $X(i)'\Omega(i)^{-1}y(i)$ 进行展开可得到：

$$X(i)'\Omega(i)^{-1}y(i) = X'\Omega^{-1}y - X_i' V_T^{-1} y_i \quad (4-5)$$

利用附录引理 1 中的和式求逆公式，取 $A = X'\Omega^{-1}X, M = -X_i' V_T^{-1} X, N = I$，那么，式（4-4）的逆矩阵为：

$$(X(i)'\Omega(i)^{-1}X(i))^{-1} = (X'\Omega^{-1}X)^{-1} + C_7 \quad (4-6)$$

其中，$C_7 = (X'\Omega^{-1}X)^{-1} X_i' V_T^{-1} X_i (I-(X'\Omega^{-1}X)^{-1}X_i' V_T^{-1} X_i)^{-1} (X'\Omega^{-1}X)^{-1}$。将式（4-5）和式（4-6）代入式（4-2）和式（4-3）中，从而得到第 $i$ 个截面的观测删除前后广义最小二乘估计及其方差—协方差矩阵之间的数学关系式为：

$$\hat{\beta}_{GLS}(i) = ((X'\Omega^{-1}X)^{-1} + C_7)(X'\Omega^{-1}y - X_i' V_T^{-1} y_i) = \hat{\beta}_{GLS} + C_8 \quad (4-7)$$

$$\mathrm{var}(\hat{\beta}_{GLS}(i)) = \mathrm{var}(\hat{\beta}_{GLS}) + C_7 \quad (4-8)$$

其中，$C_8 = C_7(X'\Omega^{-1}y - X_i' V_T^{-1} y_i) - (X'\Omega^{-1}X)^{-1}X_i' V_T^{-1} y_i$。

以原始数据模型广义最小二乘估计的方差—协方差矩阵的逆 $\mathrm{var}(\hat{\beta}_{GLS})^{-1}$ 作为加权矩阵，我们就可以得到截面数据删除模型（4-1）下，面板数据随机效应模型广义最小二乘估计量的广义 Cook 距离为：

$$D_i = \frac{(\hat{\beta}_{GLS} - \hat{\beta}_{GLS}(i))'X'\Omega^{-1}X(\hat{\beta}_{GLS} - \hat{\beta}_{GLS}(i))}{p} = \frac{C_8'X'\Omega^{-1}XC_8}{p} \quad (4-9)$$

根据广义 Cook 距离的统计内涵，我们知道式（4-9）度量了第 $i$ 个截面数据删除前后广义最小二乘估计的改变量，这个改变量越大，则说明第 $i$ 个截面在广义最小二乘估计中起到的作用也越大。对 $(i, D_i)$（$i=1, 2, \cdots, N$）进行列表或作散点图，其中数值显著大的点对应的截面，就可能为面板数据随机效应模型广义最小二乘估计中强影响截面的观测值或异常截面的观测值。

特别指出的是，式（4-9）中含有未知参数 $\sigma^2$ 和 $\sigma_\alpha^2$，在第 7 章的数值实例部分，我们将根据式（2-29）和式（2-30）得到它们的一致估计量，替代这两个未知参数。在本章后面的诊断统计量中，我们都采用这一做法，以后不再赘述。

### 4.1.2　基于时间数据删除的统计诊断

对于原始面板数据随机效应模型，删除第 $t$ 时间的所有观测后，模型可以表示为：

$$y(t) = X(t)\beta + Z_\alpha(t)\alpha + u(t) \tag{4-10}$$

其中，$y(t)$、$X(t)$、$u(t)$ 分别表示 $y$、$X$、$u$ 删除 $t$ 时间观测以后的向量或矩阵；$Z_\alpha(t) = I_N \otimes \iota_{T-1}$，$\iota_{T-1}$ 为元素全为 1 的 $T-1$ 维列向量。模型（4-10）的方差—协方差矩阵为：

$$\Omega(t) = \sigma_\alpha^2(I_N \otimes J_{T-1}) + \sigma^2(I_N \otimes I_{T-1}) = I_N \otimes V_{T-1}$$

其中，$V_{T-1} = \sigma^2 I_{T-1} + \sigma_\alpha^2 J_{T-1}$。通过待定系数法求解 $V_{T-1}$ 的逆矩阵得到 $V_{T-1}^{-1} = \dfrac{1}{\sigma^2}I_{T-1} - \dfrac{\sigma_\alpha^2/\sigma^2}{\sigma^2 + \sigma_\alpha^2(T-1)}J_{T-1}$，所以模型（4-10）的广义最小二乘估计及其方差—协方差矩阵分别为：

$$\hat{\beta}_{GLS}(t) = (\sum_{i=1}^{N} X_i(t)'V_{T-1}^{-1}X_i(t))^{-1}\sum_{i=1}^{N} X_i(t)'V_{T-1}^{-1}y_i(t) \tag{4-11}$$

$$\text{var}(\hat{\beta}_{GLS}(t)) = (\sum_{i=1}^{N} X_i(t)'V_{T-1}^{-1}X_i(t))^{-1} \tag{4-12}$$

对 $X_i(t)'V_{T-1}^{-1}X_i(t)$ 进行展开，得到：

$$X_i(t)'V_{T-1}^{-1}X_i(t) = X_i'V_T^{-1}X_i - C_{9i} \tag{4-13}$$

其中，$C_{9i} = \dfrac{1}{\sigma^2}x_{it}x_{it}' - \dfrac{\sigma_\alpha^2}{\sigma^2(T\sigma_\alpha^2 + \sigma^2)}(\sum_{s=1}^{T} x_{it}x_{is}' + \sum_{k=1}^{T} x_{ik}x_{it}' - x_{it}x_{it}')$。同理对 $X_i(t)'V_{T-1}^{-1}y_i(t)$ 进行展开得到：

$$X_i(t)'V_{T-1}^{-1}y_i(t) = X_i'V_T^{-1}y_i - C_{10i} \tag{4-14}$$

其中，$C_{10i} = \dfrac{1}{\sigma^2}y_{it}x_{it} - \dfrac{\sigma_\alpha^2}{\sigma^2(T\sigma_\alpha^2 + \sigma^2)}(\sum_{s=1}^{T} y_{it}x_{is} + \sum_{k=1}^{T} y_{ik}x_{it} - y_{it}x_{it})$。根据式（4-13）和式（4-14），下列等式成立：

$$X(t)'\Omega(t)^{-1}X(t) = X'\Omega^{-1}X - C_9 \tag{4-15}$$

$$X(t)'\Omega(t)^{-1}y(t) = X'\Omega^{-1}y - C_{10} \tag{4-16}$$

其中，$C_9 = \sum_{i=1}^{N} C_{9i}$，$C_{10} = \sum_{i=1}^{N} C_{10i}$。利用引理 1 中的和式求逆公式，取

$A = X'\Omega^{-1}X$，$M = C_9$，$N = I$，易知式（4-15）的逆矩阵：

$$(X(t)'\Omega(t)^{-1}X(t))^{-1} = (X'\Omega^{-1}X)^{-1} + C_{11} \tag{4-17}$$

其中，$C_{11} = (X'\Omega^{-1}X)^{-1}C_9(I + (X'\Omega^{-1}X)^{-1}C_9)^{-1}(X'\Omega^{-1}X)^{-1}$。将式（4-17）和式（4-16）代入式（4-11）和式（4-12），我们就得到时间数据删除前后面板数据随机效应模型广义最小二乘估计及其方差—协方差矩阵的关系式分别为：

$$\hat{\beta}_{GLS}(t) = ((X'\Omega^{-1}X)^{-1} + C_{11})(X'\Omega^{-1}y - C_{10}) = \hat{\beta}_{GLS} + C_{12} \tag{4-18}$$

$$\text{var}(\hat{\beta}_{GLS}(t)) = \text{var}(\hat{\beta}_{GLS}) + C_{11} \tag{4-19}$$

其中，$C_{12} = C_{11}(X'\Omega^{-1}y - C_{10}) - (X'\Omega^{-1}X)^{-1}C_{10}$。

以 $\text{var}(\hat{\beta}_{GLS})^{-1}$ 作为加权矩阵，根据式（4-18），时间数据删除模型（4-10）下的广义最小二乘估计的广义 Cook 距离可以定义为：

$$D_t = \frac{(\hat{\beta}_{GLS} - \hat{\beta}_{GLS}(t))'X'\Omega^{-1}X(\hat{\beta}_{GLS} - \hat{\beta}_{GLS}(t))}{p} = \frac{C_{12}'X'\Omega^{-1}XC_{12}}{p}$$

$$\tag{4-20}$$

$D_t$ 度量了删除第 $t$ 时间所有观测前后广义最小二乘估计的差异。差异越大，就说明第 $t$ 时间的观测对广义最小二乘估计的影响也越大。对 $(t, D_t)$ $(t = 1, 2, \cdots, T)$ 进行列表或作图，其中数值显著更大的点所对应的时间，就可能为面板数据随机效应模型广义最小二乘估计中强影响时间的观测值或异常时间的观测值。

## 4.2  基于广义影响函数的统计诊断

本节基于广义影响函数的诊断方法研究面板数据随机效应模型广义最小二乘估计的统计诊断，研究的主要思路：对原始模型引入某种微小"扰动"，通过该扰动下的广义影响函数，构造广义 Cook 距离度量扰动前后广义最小二乘估计的差异；寻找使广义 Cook 距离达到最大的扰动方向，在该方向上数值显著大的分量对于使广义 Cook 距离达到最大做出了最大的贡献，因而该分量对应的点就可能为广义最小二乘估计的强影响点或异常点。本节考察三种扰动模型，即方差扰动模型、自变量扰动模型和因变量扰动模型，每种扰动模型又从截面维度和时间维度分别展开讨论。

### 4.2.1 方差扰动下的统计诊断

对于原始面板数据随机效应模型 $y=X\beta+Z_\alpha\alpha+u$，误差项和个体项的方差—协方差矩阵分别为：

$$\mathrm{cov}(u,\ u)=\sigma^2(I_N\otimes I_T),\ \mathrm{cov}(\alpha,\ \alpha)=\sigma_\alpha^2 I_N$$

易见，在面板数据随机效应模型下，模型的方差—协方差矩阵来自两方面：不可观测的个体的特殊效应 $\alpha$ 的方差—协方差阵，以及剩余误差项 $u$ 的方差—协方差阵。所以，方差加权扰动模型下的统计诊断，就可以相应分为三种：误差项 $u$ 的方差扰动，个体项 $\alpha$ 的方差扰动，以及误差项 $\alpha$ 和个体项 $u$ 的方差同时扰动。具体扰动模型如下：

对模型误差项 $u$ 的方差进行扰动，扰动后的面板数据随机效应模型为：

$$y=X\beta+Z_\alpha\alpha+u(\omega) \tag{4-21}$$

对模型个体项 $\alpha$ 的方差进行扰动，扰动后的面板数据随机效应模型为：

$$y=X\beta+Z_\alpha\alpha(\omega)+u \tag{4-22}$$

对模型误差项 $u$ 的方差和个体项 $\alpha$ 的方差同时引入扰动，扰动后模型为：

$$y=X\beta+Z_\alpha\alpha(\omega)+u(\omega) \tag{4-23}$$

在上述各种扰动中，扰动向量 $\omega$ 都可以分解为在零扰动 $\omega_0$ 的基础上沿方向 $d$ 的长度为 $a$ 的扰动，即 $\omega=\omega_0+ad$，$\|d\|=1$；在零扰动 $\omega_0$ 下，$u(\omega_0)=u$，$\alpha(\omega_0)=\alpha$。不妨记面板数据模型整体随机项为 $\varepsilon(\omega)$，其方差—协方差矩阵记为 $\Omega(\omega)$。那么，方差加权扰动下面板数据随机效应模型的广义最小二乘估计及其方差—协方差矩阵就分别为：

$$\hat{\beta}_{GLS}(\omega)=(X'\Omega(\omega)^{-1}X)^{-1}X'\Omega(\omega)^{-1}y \tag{4-24}$$

$$\mathrm{var}(\hat{\beta}_{GLS}(\omega))=(X'\Omega(\omega)^{-1}X)^{-1} \tag{4-25}$$

根据广义影响函数的简化定义（2-13）以及附录引理 2 中实数的矩阵函数求导法则，我们可以得到方差加权扰动下面板数据随机效应模型广义最小二乘估计的广义影响函数为：

$$GIF(\beta_{GLS},d)=\left.\frac{\partial\hat{\beta}_{GLS}(\omega)}{\partial a}\right|_{a=0}$$

$$= \frac{\partial (X'\Omega(\omega)^{-1}X)^{-1}}{\partial a} X'\Omega^{-1}y + (X'\Omega^{-1}X)^{-1}X'\frac{\partial \Omega(\omega)^{-1}}{\partial a}y$$

$$= (X'\Omega^{-1}X)^{-1}X'\frac{\partial \Omega(\omega)^{-1}}{\partial a}\bigg|_{a=0}\hat{e}_{GLS} \tag{4-26}$$

其中，$\hat{e}_{GLS} = y - X\hat{\beta}_{GLS}$。另外，根据附录引理 2，我们还可以得到 var $(\hat{\beta}_{GLS}(\omega))$ 在 $a=0$ 处的一阶偏导数为：

$$\frac{\partial \text{var}(\hat{\beta}_{GLS}(\omega))}{\partial a}\bigg|_{a=0} = -(X'\Omega^{-1}X)^{-1}X'\frac{\partial \Omega(\omega)^{-1}}{\partial a}X(X'\Omega^{-1}X)^{-1}$$

$$\tag{4-27}$$

以原始模型广义最小二乘估计的方差—协方差矩阵的逆矩阵 var $(\hat{\beta}_{GLS})^{-1}$ 为加权矩阵，构造方差扰动下度量广义最小二乘估计改变量的广义 Cook 距离：

$$GC(\beta_{GLS}, d) = GIF(\beta_{GLS}, d)'(X'\Omega^{-1}X)[GIF(\beta_{GLS}, d)]/p$$

$$\tag{4-28}$$

另外，在方差扰动模型下，对于误差项 $u$ 的方差扰动，又可以细分为按截面扰动和按时间扰动两种情况。在按截面扰动情况下，可以识别方差扰动模型下的强影响或异常截面数据；在按时间扰动情况下，则可以识别方差扰动模型下的强影响或异常时间数据。

### 4.2.1.1 误差项 $u$ 的方差按截面扰动

当方差扰动模型（4-21）表示对误差项 $u$ 的方差按截面扰动时，扰动向量 $\omega = (\omega_1, \cdots, \omega_N)'$，扰动后误差项 $u(\omega)$ 的方差—协方差矩阵为：

$$\text{cov}(u(\omega), u(\omega)) = \sigma^2(W \otimes I_T) \tag{4-29}$$

其中，$W = diag(\omega) = I_N + aD$，$D = diag(d)$。在扰动（4-29）下，面板数据随机效应模型整体随机项 $\varepsilon(\omega)$ 的方差—协方差矩阵：

$$\Omega(\omega) = \text{cov}(\varepsilon(\omega), \varepsilon(\omega)) = \sigma_\alpha^2(I_N \otimes J_T) + \sigma^2(W \otimes I_T) \tag{4-30}$$

应用附录引理 2 中实数的矩阵函数求导法则，我们知道：

$$\frac{\partial \Omega(\omega)^{-1}}{\partial a}\bigg|_{a=0} = -\Omega^{-1}\frac{\partial \Omega(\omega)}{\partial a}\Omega^{-1} = -\sigma^2\Omega^{-1}(D \otimes I_T)\Omega^{-1}$$

将上式代入式（4-26）和式（4-27）中，可得到：

$$GIF(\beta_{GLS}, d) = -\sigma^2(X'\Omega^{-1}X)^{-1}X'\Omega^{-1}(D \otimes I_T)\Omega^{-1}\hat{e}_{GLS} \tag{4-31}$$

$$\frac{\partial \text{var}(\hat{\beta}_{GLS}(\omega))}{\partial a}\bigg|_{a=0} = \sigma^2(X'\Omega^{-1}X)^{-1}X'\Omega^{-1}(D \otimes I_T)\Omega X(X'\Omega^{-1}X)^{-1}$$

$$\tag{4-32}$$

根据附录引理 3 将式（4-31）中的广义影响函数改写为：

$$GIF(\beta_{GLS}, d) = -\sigma^2 (X'\Omega^{-1}X)^{-1} X'\Omega^{-1} \cdot diag(\Omega^{-1}\hat{e}_{GLS}) \cdot (d \otimes \iota_T)$$

$$(4-33)$$

根据式（4-33），结合式（4-28），我们得到面板数据随机效应模型广义最小二乘估计在扰动（4-29）下的广义 Cook 距离：

$$GC(\beta_{GLS}, d) = \sigma^4 (d \otimes \iota_T)' \cdot diag(\Omega^{-1}\hat{e}_{GLS}) \cdot C_6 \cdot diag(\Omega^{-1}\hat{e}_{GLS}) \cdot (d \otimes \iota_T)/p$$

$$(4-34)$$

其中，$C_6 = \Omega^{-1}X(X'\Omega^{-1}X)^{-1}X'\Omega^{-1}$。

易见 $C_6$ 是对称矩阵，所以根据引理 4，广义 Cook 距离（4-34）总是可以改写为形如 $d'Fd$ 的形式，并且 $F$ 也是对称矩阵。那么，根据引理 5，使广义 Cook 距离（4-34）达到最大的扰动方向 $d_{max}$ 与 $F$ 的最大特征值所对应的特征向量成比例。对 $(i, |(d_{max})_i|)$（$i = 1, 2, \cdots, N$）进行列表或作散点图，其中数值显著比其他点大的，对应于面板数据随机效应模型广义最小二乘估计中强影响截面的观测值或异常截面的观测值。

### 4.2.1.2 *误差项 $u$ 的方差按时间扰动*

当方差扰动模型（4-21）表示对面板数据随机效应模型误差项 $u$ 的方差按时间扰动时，扰动向量 $\omega = (\omega_1, \cdots, \omega_T)'$，扰动后的模型误差项 $u(\omega)$ 的方差—协方差矩阵为：

$$\mathrm{cov}(u(\omega), u(\omega)) = \sigma^2 (I_N \otimes W) \qquad (4-35)$$

其中，$W = diag(\omega) = I_T + aD$，$D = diag(d)$。在扰动（4-35）下，面板数据随机效应模型的整体随机项 $\varepsilon(\omega)$ 的方差—协方差矩阵为：

$$\Omega(\omega) = \sigma_\alpha^2 (I_N \otimes J_T) + \sigma^2 (I_N \otimes W)$$

应用附录引理 2 中实数的矩阵函数的求导法则，得到 $\Omega(\omega)^{-1}$ 在 $a = 0$ 处的一阶偏导数为：

$$\frac{\partial \Omega(\omega)^{-1}}{\partial a}\bigg|_{a=0} = -\Omega^{-1} \frac{\partial \Omega(\omega)}{\partial a} \Omega^{-1} = -\sigma^2 \Omega^{-1}(I_N \otimes D)\Omega^{-1}$$

将上式代入式（4-26）和式（4-27）中，可以导出：

$$GIF(\beta_{GLS}, d) = -\sigma^2 (X'\Omega^{-1}X)^{-1} X'\Omega^{-1}(I_N \otimes D)\Omega^{-1}\hat{e}_{GLS}$$

$$= -\sigma^2 (X'\Omega^{-1}X)^{-1} X'\Omega^{-1} diag(\Omega^{-1}\hat{e}_{GLS}) \cdot (\iota_N \otimes d) \qquad (4-36)$$

$$\frac{\partial \mathrm{var}(\hat{\beta}_{GLS}(\omega))}{\partial a}\bigg|_{a=0} = \sigma^2 (X'\Omega^{-1}X)^{-1} X'\Omega^{-1}(I_N \otimes D)\Omega^{-1}X(X'\Omega^{-1}X)^{-1}$$

$$(4-37)$$

注意，式（4-36）已经根据附录引理 3 做了调整。

我们已经得到扰动（4-35）的广义影响函数如式（4-36）所示，再将其代入式（4-28）中，就可以得到扰动（4-35）下面板数据随机效应模型广义最小二乘估计的广义 Cook 距离：

$$GC(\beta_{GLS}, d) = \sigma^4 (\iota_N \otimes d)' \cdot diag(\Omega^{-1} \hat{e}_{GLS}) \cdot C_6 \cdot diag(\Omega^{-1} \hat{e}_{GLS}) \cdot (\iota_N \otimes d) / p$$

$$(4-38)$$

应用引理 4 和引理 5，将式（4-38）中的广义 Cook 距离改写为形如 $d'Fd$ 的形式，其中 $F$ 的最大特征值所对应的特征向量就与扰动（4-35）的最大扰动方向 $d_{max}$ 成比例。对 $(t, |(d_{max})_t|)$ $(t = 1, 2, \cdots, T)$ 进行列表或作散点图，其中数值显著比其他点大的，对应于面板数据随机效应模型广义最小二乘估计中强影响时间的观测值或异常时间的观测值。

### 4.2.1.3 个体项 $\alpha$ 方差的扰动

当方差扰动模型（4-22）表示对面板数据随机效应模型个体项 $\alpha$ 的方差引入扰动时，扰动向量 $\omega = (\omega_1, \cdots, \omega_N)'$，扰动后的模型个体项 $\alpha(\omega)$ 的方差—协方差矩阵：

$$\mathrm{cov}(\alpha(\omega), \alpha(\omega)) = \sigma_\alpha^2 W \qquad (4-39)$$

其中，$W = diag(\omega) = I_T + aD$，$D = diag(d)$。在扰动（4-39）下，面板数据随机效应模型整体误差项 $\varepsilon(\omega)$ 的方差—协方差矩阵为：

$$\Omega(\omega) = \sigma_\alpha^2 (W \otimes J_T) + \sigma^2 (I_N \otimes I_T)$$

运用附录引理 2 中实数的矩阵函数求导法则，得到 $\Omega(\omega)^{-1}$ 在 $a = 0$ 处的一阶偏导数为：

$$\left. \frac{\partial \Omega(\omega)^{-1}}{\partial a} \right|_{a=0} = -\Omega^{-1} \frac{\partial \Omega(\omega)}{\partial a} \Omega^{-1} = -\sigma_\alpha^2 \Omega^{-1} (D \otimes J_T) \Omega^{-1}$$

将上式代入式（4-26）和式（4-27）中，并应用引理 3 对广义影响函数进行调整，得到扰动（4-39）对广义最小二乘估计的广义影响函数为：

$$GIF(\beta_{GLS}, d) = -\sigma_\alpha^2 (X'\Omega^{-1}X)^{-1} X'\Omega^{-1} (D \otimes J_T) \Omega^{-1} \hat{e}_{GLS}$$

$$= -\sigma_\alpha^2 (X'\Omega^{-1}X)^{-1} X'\Omega^{-1} \cdot diag((I_N \otimes J_T)\Omega^{-1}\hat{e}_{GLS}) \cdot (d \otimes \iota_T)$$

$$(4-40)$$

广义最小二乘估计的方差—协方差矩阵在 $a = 0$ 处的一阶偏导数为：

$$\left. \frac{\partial \mathrm{var}(\hat{\beta}_{GLS}(\omega))}{\partial a} \right|_{a=0} = \sigma_\alpha^2 (X'\Omega^{-1}X)^{-1} X'\Omega^{-1} (D \otimes J_T) \Omega^{-1} X (X'\Omega^{-1}X)^{-1}$$

$$(4-41)$$

应用式（4-40）中得到的广义影响函数，以 $\mathrm{var}(\hat{\beta}_{GLS})^{-1}$ 作为加权矩阵，构造度量面板数据随机效应模型广义最小二乘估计在扰动（4-39）下的广义 Cook 距离：

$$GC(\beta_{GLS}, d) = GIF(\beta_{GLS}, d)'(X'\Omega^{-1}X)\left[GIF(\beta_{GLS}, d)\right]/p$$

$$= \sigma^4 (d \otimes \iota_T)' C_7 (d \otimes \iota_T)/p$$

$$(4-42)$$

其中，$C_7 = diag((I_N \otimes J_T)\Omega^{-1}\hat{e}_{GLS}) \cdot C_6 \cdot diag((I_N \otimes J_T)\Omega^{-1}\hat{e}_{GLS})$。

在式（4-42）中，$C_7$ 显然为对称矩阵，所以应用引理 4，广义 Cook 距离（4-42）总是可以改写为形如 $d'Fd$ 的模式。引理 5 告诉我们，$F$ 的最大特征值所对应的特征向量与扰动（4-39）的最大扰动方向 $d_{max}$ 成比例。对 $(i, |(d_{max})_i|)$ $(i = 1, 2, \cdots, N)$ 进行列表或作散点图，其中数值显著比其他点大的，对应于面板数据随机效应模型广义最小二乘估计中强影响截面的观测值或异常截面的观测值。

#### 4.2.1.4 误差项 $u$ 和个体项 $\alpha$ 的方差同时扰动

在方差扰动模型（4-23）下，面板数据随机效应模型误差项 $u(\omega)$ 和个体项 $\alpha(\omega)$ 的方差—协方差矩阵分别为：

$$\mathrm{cov}(u(\omega), u(\omega)) = \sigma^2(W \otimes I_T), \quad \mathrm{cov}(\alpha(\omega), \alpha(\omega)) = \sigma_\alpha^2 W$$

$$(4-43)$$

在扰动（4-43）下，面板数据随机效应模型整体随机项的方差—协方差矩阵为 $\Omega(\omega) = W \otimes (\sigma_\alpha^2 J_T + \sigma^2 I_T)$。运用附录引理 2 中实数的矩阵函数求导法则，得到 $\Omega(\omega)^{-1}$ 在 $a = 0$ 处的一阶偏导数为：

$$\left.\frac{\partial\Omega(\omega)^{-1}}{\partial a}\right|_{a=0} = -\Omega^{-1}\frac{\partial\Omega(\omega)}{\partial a}\Omega^{-1} = -\Omega^{-1}(D \otimes (\sigma_\alpha^2 J_T + \sigma^2 I_T))\Omega^{-1}$$

将上式代入式（4-26）和式（4-27）中，并应用引理 3 对广义影响函数进行调整，得到扰动（4-43）下面板数据随机效应模型广义最小二乘估计的广义影响函数（4-44）：

$$GIF(\beta_{GLS}, d) = (X'\Omega^{-1}X)^{-1}X'\frac{\partial\Omega(\omega)^{-1}}{\partial a}\hat{e}_{GLS}$$

$$= -(X'\Omega^{-1}X)^{-1}X'\Omega^{-1}(D \otimes (\sigma_\alpha^2 J_T + \sigma^2 I_T))\Omega^{-1}\hat{e}_{GLS}$$

$$= -(X'\Omega^{-1}X)^{-1}X'\Omega^{-1} \cdot diag(\hat{e}_{GLS}) \cdot (d \otimes \iota_T)$$

$$(4-44)$$

以及广义最小二乘估计的方差—协方差矩阵关于 $a$ 的一阶偏导数

$$\left.\frac{\partial \text{var}(\hat{\beta}_{GLS}(\omega))}{\partial a}\right|_{a=0} = (X'\Omega^{-1}X)^{-1}X'\Omega^{-1}(D\otimes(\sigma_\alpha^2 J_T+\sigma^2 I_T))\Omega^{-1}X(X'\Omega^{-1}X)^{-1}$$

$$(4\text{-}45)$$

应用式（4-44）中的广义影响函数，以 $\text{var}(\hat{\beta}_{GLS})^{-1}$ 作为加权矩阵，构造面板数据随机效应模型广义最小二乘估计在扰动（4-43）前后的广义 Cook 距离为：

$$GC(\beta_{GLS}, d) = (d\otimes\iota_T)' diag(\hat{e}_{GLS}) C_6 diag(\hat{e}_{GLS})(d\otimes\iota_T)/p \quad (4\text{-}46)$$

根据引理 4 将式（4-46）改写为形如 $d'Fd$ 的模式。引理 5 告诉我们，$F$ 的最大特征值对应的特征向量与使式（4-46）达到最大的扰动方向成 $d_{max}$ 比例。对 $(i, |(d_{max})_i|)$ $(i=1, 2, \cdots, N)$ 进行列表或作散点图，其中数值显著比其他点大的，对应于面板数据随机效应模型广义最小二乘估计中强影响截面的观测值或异常截面的观测值。

### 4.2.2 自变量扰动下的统计诊断

对面板数据随机效应模型的自变量引入扰动 $\omega$，则扰动后的模型为

$$y = X(\omega)\beta + Z_\alpha\alpha + u \quad (4\text{-}47)$$

其中，$\omega$ 为扰动向量，它可以分解为零扰动 $\omega_0$ 与方向 $d$ 上长度为 $a$ 的扰动之和，即 $\omega = \omega_0 + ad$，$\|d\| = 1$；在零扰动下，$X(\omega_0) = X$。应用广义最小二乘法对模型（4-47）进行参数估计，得到自变量扰动下面板数据随机效应模型的广义最小二乘估计及其方差—协方差矩阵分别为：

$$\hat{\beta}_{GLS}(\omega) = (X(\omega)'\Omega^{-1}X(\omega))^{-1}X(\omega)'\Omega^{-1}y \quad (4\text{-}48)$$

$$\text{var}(\hat{\beta}_{GLS}(\omega)) = (X(\omega)'\Omega^{-1}X(\omega))^{-1} \quad (4\text{-}49)$$

应用式（2-11）中广义影响函数的定义，得到广义最小二乘估计在扰动 $\omega$ 下的广义影响函数：

$$GIF(\beta_{GLS}, d) = \lim_{a\to 0}\frac{\hat{\beta}_{GLS}(\omega) - \hat{\beta}_{GLS}}{a} \quad (4\text{-}50)$$

根据式（4-50）中的广义影响函数，以 $\text{var}(\hat{\beta}_{GLS})^{-1}$ 作为加权矩阵，得到面板数据随机效应模型广义最小二乘估计在扰动 $\omega$ 下的广义 Cook 距离：

$$GC(\beta_{GLS}, d) = GIF(\beta_{GLS}, d)'(X'\Omega^{-1}X)[GIF(\beta_{GLS}, d)]/p$$

$$(4\text{-}51)$$

对面板数据随机效应的自变量扰动，又可以分为自变量按截面扰动和

自变量按时间扰动。在自变量按截面扰动下，可以识别面板数据随机效应模型广义最小二乘估计中的异常或强影响截面数据；在自变量按时间扰动下，可以识别面板数据随机效应模型广义最小二乘估计中强影响时间的观测值或异常时间的观测值。

### 4.2.2.1 自变量按截面扰动

当自变量扰动模型（4-47）表示对面板数据模型的第 $i$ 个自变量按截面扰动时，扰动向量 $\omega = (\omega_1, \omega_2, \cdots, \omega_N)'$。扰动后模型自变量 $X(\omega)$ 与扰动前模型自变量 $X$ 之间的数学关系式为：

$$X(\omega) = X + a(d \otimes \iota_T) p_i' \tag{4-52}$$

其中，$p_i = (0, \cdots, 1, \cdots, 0)'$ 为第 $i$ 个元素为 1 其他元素全为 0 的 $p$ 阶列向量。在扰动（4-52）下对 $X(\omega)'\Omega^{-1}X(\omega)$ 和 $X(\omega)'\Omega^{-1}y$ 分别展开得到：

$$X(\omega)'\Omega^{-1}X(\omega) = X'\Omega^{-1}X + C_8 \tag{4-53}$$

$$X(\omega)'\Omega^{-1}y = (X + a(d \otimes \iota_T) p_i')'\Omega^{-1}y = X'\Omega^{-1}y + ap_i(d \otimes \iota_T)'\Omega^{-1}y \tag{4-54}$$

其中，$C_8 = aX'\Omega^{-1}(d \otimes \iota_T)p_i' + ap_i(d \otimes \iota_T)'\Omega^{-1}X + o(a^2)$。利用附录引理 1 中的和式求逆公式，取 $A = X'\Omega^{-1}X$，$M = C_8$，$N = I$，得到式（4-53）的逆矩阵为：

$$(X(\omega)'\Omega^{-1}X(\omega))^{-1} = (X'\Omega^{-1}X)^{-1} - C_9 \tag{4-55}$$

其中，$C_9 = (X'\Omega^{-1}X)^{-1}C_8(I + (X'\Omega^{-1}X)^{-1}C_8)^{-1}(X'\Omega^{-1}X)^{-1}$。将式（4-54）和式（4-55）代入式（4-48）和式（4-49）中，我们可以得到扰动（4-52）下面板数据随机效应模型广义最小二乘估计（4-56）及其方差—协方差矩阵（4-57）：

$$\hat{\beta}_{GLS}(\omega) = ((X'\Omega^{-1}X)^{-1} - C_9)(X'\Omega^{-1}y + ap_i(d \otimes \iota_T)'\Omega^{-1}y)$$
$$= \hat{\beta}_{GLS} + a(X'\Omega^{-1}X)^{-1}p_i(d \otimes \iota_T)'\Omega^{-1}y - C_9X'\Omega^{-1}y + o(a^2) \tag{4-56}$$

$$\operatorname{var}(\hat{\beta}_{GLS}(\omega)) = (X'\Omega^{-1}X)^{-1} - C_9 = \operatorname{var}(\hat{\beta}_{GLS}) - C_9 \tag{4-57}$$

式（4-56）、式（4-57）中，当 $a = 0$ 时，$C_8 = C_9 = 0$，并且

$$\lim_{a \to 0} \frac{C_9}{a} = (X'\Omega^{-1}X)^{-1}(X'\Omega^{-1}(d \otimes \iota_T)p_i' + p_i(d \otimes \iota_T)'\Omega^{-1}X)(X'\Omega^{-1}X)^{-1} \tag{4-58}$$

根据式（4-50）和式（4-56），易知扰动（4-52）对面板数据随机效

应模型广义最小二乘估计的广义影响函数为：

$$GIF(\beta_{GLS},d)=(X'\Omega^{-1}X)^{-1}p_i(d\otimes\iota_T)'\Omega^{-1}y-\lim_{a\to0}\frac{C_9X'\Omega^{-1}y}{a}$$

$$=(X'\Omega^{-1}X)^{-1}(p_i(d\otimes\iota_T)'\Omega^{-1}\hat{e}_{GLS}-X'\Omega^{-1}(d\otimes\iota_T)p_i'\hat{\beta}_{GLS})$$

$$=(X'\Omega^{-1}X)^{-1}(p_i(\Omega^{-1}\hat{e}_{GLS})'-X'\Omega^{-1}\hat{\beta}_{GLS,i})(d\otimes\iota_T)$$

$$\triangleq(X'\Omega^{-1}X)^{-1}C_{10}(d\otimes\iota_T)$$

$$(4-59)$$

其中，$C_{10}=p_i(\Omega^{-1}\hat{e}_{GLS})'-X'\Omega^{-1}\hat{\beta}_{GLS,i}$，$\hat{\beta}_{GLS,i}$ 为 $\hat{\beta}_{GLS}$ 的第 $i$ 个分量。注意，式（4-59）在推导过程中应用了等式 $(d\otimes\iota_T)'\Omega^{-1}\hat{e}_{GLS}=(\Omega^{-1}\hat{e}_{GLS})'(d\otimes\iota_T)$ 和 $p_i'\hat{\beta}_{GLS}=\hat{\beta}_{GLS,i}$。

将式（4-59）代入式（4-51），得到面板数据随机效应模型广义最小二乘估计在扰动（4-52）下的广义 Cook 距离为：

$$GC(\beta_{GLS},d)=(d\otimes\iota_T)'C_{10}'(X'\Omega^{-1}X)^{-1}C_{10}(d\otimes\iota_T)/p \quad(4-60)$$

附录引理4表明，式（4-60）中的广义 Cook 距离总是可以改写为形如 $d'Fd$ 的模式，并且 $F$ 是对称矩阵，所以应用附录引理5可知，使式（4-60）达到最大的扰动方向 $d_{max}$ 与 $F$ 最大特征值所对应的特征向量成比例。对 $(i,|(d_{max})_i|)$ $(i=1,2,\cdots,N)$ 进行列表或作散点图，其中数值显著比其他点大的，就对应于面板数据随机效应模型广义最小二乘估计中强影响截面的观测值或异常截面的观测值。

#### 4.2.2.2 自变量按时间扰动

当自变量扰动模型（4-47）表示对面板数据模型的第 $i$ 个自变量按时间引入扰动时，扰动向量 $\omega=(\omega_1,\omega_2,\cdots,\omega_T)'$。扰动后模型的自变量 $X(\omega)$ 与扰动前模型自变量 $X$ 之间的数学关系式为：

$$X(\omega)=X+a(\iota_N\otimes d)p_i' \quad(4-61)$$

利用式（4-61）分别对 $X(\omega)'\Omega^{-1}X(\omega)$ 和 $X(\omega)'\Omega^{-1}y$ 展开得到：

$$X(\omega)'\Omega^{-1}X(\omega)=X'\Omega^{-1}X+C_{11} \quad(4-62)$$

$$X(\omega)'\Omega^{-1}y=(X+a(\iota_N\otimes d)p_i')'\Omega^{-1}y=X'\Omega^{-1}y+ap_i(\iota_N\otimes d)'\Omega^{-1}y$$

$$(4-63)$$

其中，$C_{11}=aX'\Omega^{-1}(\iota_N\otimes d)p_i'+ap_i(\iota_N\otimes d)'\Omega^{-1}X+o(a^2)$。由附录引理1的和式求逆公式，我们可以得到式（4-62）的逆矩阵：

$$(X(\omega)'\Omega^{-1}X(\omega))^{-1}=(X'\Omega^{-1}X)^{-1}-C_{12} \quad(4-64)$$

其中，$C_{12}=(X'\Omega^{-1}X)^{-1}C_{11}(I+(X'\Omega^{-1}X)^{-1}C_{11})(X'\Omega^{-1}X)^{-1}$。将式（4-63）和（4-64）代入式（4-48）中，可知扰动（4-61）下面板数据随机效应模型的广义最小二乘估计及其方差—协方差矩阵分别为：

$$\hat{\beta}_{GLS}(\omega)=((X'\Omega^{-1}X)^{-1}-C_{12})(X'\Omega^{-1}y+ap_i(\iota_N\otimes d)'\Omega^{-1}y)$$

$$=\hat{\beta}_{GLS}+a(X'\Omega^{-1}X)^{-1}p_i(\iota_N\otimes d)'\Omega^{-1}y-C_{12}X'\Omega^{-1}y+o(a^2)$$

$$(4-65)$$

$$\mathrm{var}(\hat{\beta}_{GLS}(\omega))=(X'\Omega^{-1}X)^{-1}-C_{12} \qquad (4-66)$$

在式（4-65）、式（4-66）中，当 $a=0$ 时，$C_{11}=C_{12}=0$，并且

$$\lim_{a\to 0}\frac{C_{12}}{a}=(X'\Omega^{-1}X)^{-1}(X'\Omega^{-1}(\iota_N\otimes d)p_i'+p_i(\iota_N\otimes d)'\Omega^{-1}X)(X'\Omega^{-1}X)^{-1}$$

$$(4-67)$$

应用式（4-65）中自变量扰动前后广义最小二乘估计之间的数学关系式，代入式（4-50），我们就可以得到扰动（4-61）对面板数据随机效应模型广义最小二乘估计的广义影响函数：

$$GIF(\beta_{GLS},d)=(X'\Omega^{-1}X)^{-1}p_i(\iota_N\otimes d)'\Omega^{-1}y$$

$$-(X'\Omega^{-1}X)^{-1}(X'\Omega^{-1}(\iota_N\otimes d)p_i'+p_i(\iota_N\otimes d)'\Omega^{-1}X)\hat{\beta}_{GLS}$$

$$=(X'\Omega^{-1}X)^{-1}C_{10}(\iota_N\otimes d)$$

$$(4-68)$$

其中，$C_{10}=p_i(\Omega^{-1}\hat{e}_{GLS})'-X'\Omega^{-1}\hat{\beta}_{GLS,i}$。式（4-68）的推导过程中应用了等式 $(\iota_N\otimes d)'\Omega^{-1}\hat{e}_{GLS}=(\Omega^{-1}\hat{e}_{GLS})'(\iota_N\otimes d)$ 和 $p_i'\hat{\beta}_{GLS}=\hat{\beta}_{GLS,i}$。由式（4-68）和式（4-51）可以推导出面板数据模型广义最小二乘估计在扰动（4-61）下的广义 Cook 距离：

$$GC(\beta_{GLS},d)=(\iota_N\otimes d)'C_{10}'(X'\Omega^{-1}X)^{-1}C_{10}(\iota_N\otimes d)/p \qquad (4-69)$$

根据附录引理4和引理5，式（4-69）总是可以改写为形如 $d'Fd$ 的模式，并且使式（4-69）达到最大的扰动方向 $d_{max}$ 与 $F$ 最大特征值所对应的特征向量成比例。对 $(t,|(d_{max})_t|)$ $(t=1,2,\cdots,T)$ 进行列表或作散点图，其中数值显著比其他点大的，对应于面板数据随机效应模型广义最小二乘估计中强影响时间的观测值或异常时间的观测值。

### 4.2.3  因变量扰动下的统计诊断

对面板数据随机效应模型的因变量引入扰动 $\omega$，扰动后的模型为：

$$y(\omega) = X\beta + Z_\alpha\alpha + u \qquad (4\text{-}70)$$

其中，扰动向量 $\omega$ 可分解为零扰动 $\omega_0$ 与方向 $d$ 上长度为 $a$ 的扰动之和，即 $\omega = \omega_0 + ad$，$\|d\| = 1$；在零扰动下，$y(\omega_0) = y$。在扰动（4-70）下，面板数据随机效应模型的广义最小二乘估计及其方差—协方差矩阵分别为：

$$\hat{\beta}_{GLS}(\omega) = (X'\Omega^{-1}X)^{-1}X'\Omega^{-1}y(\omega) \qquad (4\text{-}71)$$

$$\text{var}(\hat{\beta}_{GLS}(\omega)) = (X'\Omega^{-1}X)^{-1} = \text{var}(\hat{\beta}_{GLS}) \qquad (4\text{-}72)$$

由式（4-72）可知，因变量扰动并不会影响到面板数据随机效应模型广义最小二乘估计的方差—协方差矩阵。应用广义影响函数的定义，我们得到广义最小二乘估计在因变量扰动（4-70）下的广义影响函数：

$$GIF(\beta_{GLS}, d) = \lim_{a \to 0} \frac{\hat{\beta}_{GLS}(\omega) - \hat{\beta}_{GLS}}{a} \qquad (4\text{-}73)$$

基于广义影响函数（4-73），以 $\text{var}(\hat{\beta}_{GLS})^{-1}$ 作为加权矩阵，从而得到面板数据随机效应模型广义最小二乘估计在扰动（4-70）下的广义 Cook 距离：

$$GC(\beta_{GLS}, d) = GIF(\beta_{GLS}, d)'(X'\Omega^{-1}X)\left[GIF(\beta_{GLS}, d)\right]/p$$
$$(4\text{-}74)$$

与自变量扰动模型的研究思路相似，对面板数据模型的因变量引入扰动也可以从截面维度和时间维度分别考察。对面板数据随机效应模型的因变量按截面扰动，可以识别广义最小二乘估计中异常截面的观测值或强影响截面的观测值；对面板数据随机效应模型的因变量按时间扰动，可以识别面板数据随机效应模型广义最小二乘估计中强影响时间的观测值或异常时间的观测值。

#### 4.2.3.1 因变量按截面扰动

当因变量扰动模型（4-70）表示对因变量按截面引入扰动时，扰动向量 $\omega = (\omega_1, \cdots, \omega_N)'$。扰动后模型因变量 $y(\omega)$ 与扰动前模型因变量 $y$ 满足如下数学关系式：

$$y(\omega) = y + a(d \otimes \iota_T) \qquad (4\text{-}75)$$

在扰动（4-75）下，面板数据随机效应模型的广义最小二乘估计为：

$$\hat{\beta}_{GLS}(\omega) = \hat{\beta}_{GLS} + a(X'\Omega^{-1}X)^{-1}X'\Omega^{-1}(d \otimes \iota_T) \qquad (4\text{-}76)$$

应用式（4-76）代入式（4-73）中，易知面板数据随机效应模型广义最小二乘估计在扰动（4-75）下的广义影响函数为：

$$GIF(\beta_{GLS}, d) = (X'\Omega^{-1}X)^{-1}X'\Omega^{-1}(d \otimes \iota_T) \qquad (4\text{-}77)$$

将式（4-77）代入式（4-74）中，我们还可以得到面板数据模型广义最小二乘估计在扰动（4-75）下的广义 Cook 距离为：

$$GC(\beta_{GLS}, d) = (d \otimes \iota_T)' \Omega^{-1} X (X' \Omega^{-1} X)^{-1} X' \Omega^{-1} (d \otimes \iota_T)/p \qquad (4-78)$$

附录引理4和引理5告诉我们，式（4-78）总是可以改写为形如 $d'Fd$ 的模式，并且使式（4-78）达到最大的扰动方向 $d_{max}$ 与 $F$ 最大特征值所对应的特征向量成比例。对 $(i, |(d_{max})_i|)$ $(i = 1, 2, \cdots, N)$ 进行列表或作散点图，其中数值显著比其他点大的，对应于面板数据随机效应广义最小二乘估计中强影响截面的观测值或异常截面的观测值。

#### 4.2.3.2　因变量按时间扰动

当因变量扰动模型（4-70）表示对面板数据随机效应模型的因变量按时间引入扰动时，扰动向量 $\omega = (\omega_1, \cdots, \omega_T)'$。扰动后模型因变量 $y(\omega)$ 与扰动前模型因变量 $y$ 之间满足如下关系式：

$$y(\omega) = y + a(\iota_N \otimes d) \qquad (4-79)$$

应用式（4-79）对式（4-71）中 $\hat{\beta}_{GLS}(\omega)$ 展开，得到在扰动（4-79）前后的广义最小二乘估计之间的数学关系式为：

$$\hat{\beta}_{GLS}(\omega) = \hat{\beta}_{GLS} + a(X' \Omega^{-1} X)^{-1} X' \Omega^{-1} (\iota_N \otimes d) \qquad (4-80)$$

将式（4-80）代入式（4-73）中，我们可以得到面板数据模型广义最小二乘估计在扰动（4-79）下的广义影响函数：

$$GIF(\beta_{GLS}, d) = (X' \Omega^{-1} X)^{-1} X' \Omega^{-1} (\iota_N \otimes d) \qquad (4-81)$$

基于式（4-81）中的广义影响函数，代入式（4-74）就可以得到面板数据模型广义最小二乘估计在扰动（4-79）下的广义 Cook 距离：

$$GC(\beta_{GLS}, d) = (\iota_N \otimes d)' \Omega^{-1} X (X' \Omega^{-1} X)^{-1} X' \Omega^{-1} (\iota_N \otimes d)/p \qquad (4-82)$$

最后，应用附录引理4将式（4-82）改写为 $d'Fd$ 的形式。那么附录引理5告诉我们，使式（4-82）达到最大的扰动方向 $d_{max}$ 与 $F$ 最大特征值所对应的特征向量成比例。对 $(t, |(d_{max})_t|)$ $(t = 1, 2, \cdots, T)$ 进行列表或作散点图，其中数值显著比其他点大的，对应于面板数据随机效应模型广义最小二乘估计中强影响时间的观测值或异常时间的观测值。

# 第❺章
# 极大似然估计的统计诊断

在满足 Gauss-Markov 经典假设的情况下，普通最小二乘（OLS）估计量是最佳线性无偏的（BLUE），并且计算简便，因而在模型参数求解中被广泛使用。另外，当知道模型误差项服从正态分布时，我们还可以根据模型的似然函数得到极大似然估计。因为极大似然估计利用了更多的信息，所以它比普通最小二乘估计要更可靠。

对于面板数据随机效应模型，当假设模型个体项和误差项均服从正态分布时，我们就可以得到模型的似然函数。但是，Amemiya（1971）、Maddala（1971）、Nerlove（1971）的研究表明，直接对该似然函数进行求解是不可行的，这其中不仅涉及庞大的计算量，而且还有可能得不到全局最大值，很多情况下得到的方差估计还是负的。Breusch（1987）提出使用迭代 GLS 法求解面板数据随机效应模型极大似然估计的方法，即对面板数据随机效应模型的集中化对数似然函数（5-1）固定一个参数，求似然函数关于另一个参数的最大值，从而得到面板数据随机效应模型的迭代极大似然估计为式（5-2）和式（5-3）。

$$L^*(\beta, \varphi) = C^* - \frac{NT}{2}\ln\{\varepsilon'(Q_w + \varphi P_w)\varepsilon\} + \frac{N}{2}\ln\varphi \qquad (5-1)$$

$$\varphi = \frac{\varepsilon'Q_w\varepsilon}{(T-1)\varepsilon'P_w\varepsilon} \qquad (5-2)$$

$$\beta = [X'(Q_w + \varphi P_w)X]^{-1}X'(Q_w + \varphi P_w)y \qquad (5-3)$$

其中，$\varepsilon = y - X\beta$，$\varphi = \sigma^2/(\sigma^2 + T\sigma_\alpha^2)$。详细推导见本书第 2 章。

本章采用基于数据删除的统计诊断方法和基于 Cook 曲率度量的统计诊断方法，从似然距离的角度，构建面板数据随机效应模型极大似然估计中异常点识别的诊断统计量，具体内容包括：第 5.1 节基于数据删除模型的统计诊断，在截面数据删除和时间数据删除两种情况下，利用数据删除前后极大似然函数值的改变（似然距离）衡量所删除数据对面板数据随机效应模型极大似然估计的影响程度，作为诊断统计量；第 5.2 节基于 Cook 曲率度量的统计诊断，利用三种常见扰动模型（方差扰动、自变量扰动和因变量扰动），通过扰动对似然距离的影响曲率，研究面板数据随机效应模型极大似然估计的统计诊断。

# 5.1 基于数据删除模型的统计诊断

在面板数据随机效应模型中，为了研究第 $k$ 个数据点对极大似然估计的影响，我们可以考虑删除第 $k$ 个数据点前后参数估计 $\hat{\theta}$ 的变化情况。假设第 $k$ 个数据点删除前后模型集中化的最大似然值分别为 $L^*(\hat{\theta})$ 和 $L^*(\hat{\theta}(k))$，其中 $\hat{\theta}=(\hat{\beta}',\hat{\varphi})'$。那么，根据似然距离的定义（2-3）可知，对应于第 $k$ 个数据点的似然距离为：

$$LD_k = 2\{L^*(\hat{\theta}) - L^*(\hat{\theta}(k))\}$$

易见，上式中 $LD_k$ 越大，则说明第 $k$ 个数据点对最大似然函数值 $L^*(\hat{\theta})$ 的影响就越大，因而对 $\hat{\theta}$ 的影响也就越大。

在未知参数 $\theta$ 中，我们感兴趣的一般是回归系数 $\beta$，所以可将 $\varphi$ 看作冗余参数。将式（5-2）代入似然函数（5-1），就得到面板数据随机效应模型关于子集参数 $\beta$ 的截面似然函数：

$$L^*_p(\beta) = C^* - \frac{N(T-1)}{2}\ln\varepsilon' Q_w\varepsilon - \frac{N}{2}\ln\varepsilon' P_w\varepsilon \qquad (5-4)$$

根据截面似然距离的定义式（2-4），我们可以得到第 $k$ 个数据点关于子集参数 $\beta$ 的似然距离：

$$LD_i(\beta|\varphi) = 2\{L^*(\hat{\theta}) - L^*(\tilde{\theta}(k))\} = 2\{L^*_p(\hat{\beta}) - L^*_p(\hat{\beta}(k))\}$$

其中，$\tilde{\theta}(k) = (\hat{\beta}(k)', \tilde{\varphi}(\hat{\beta}(k)))'$。易见，$LD_i(\beta|\varphi)$ 越大，那么第 $k$ 个数据点对子集参数 $\beta$ 的极大似然估计的影响就越大。通常情况下，我们并不直接计算上述似然距离，而是应用其二阶近似公式，即对 $LD_i(\beta|\varphi)$ 在 $\hat{\beta}$ 处进行二阶 Taylor 展开，根据式（2-5）可知：

$$LD^I_i(\beta|\varphi) = -(\hat{\beta}-\hat{\beta}(k))' \frac{\partial^2 L^*_p(\hat{\beta})}{\partial\beta\partial\beta'}(\hat{\beta}-\hat{\beta}(k)) \qquad (5-5)$$

式（5-5）中 $\dfrac{\partial^2 L^*_p(\beta)}{\partial\beta\partial\beta'}$ 与数据删除方式无关，所以在推导截面数据删

除和时间数据删除下的似然距离之前，我们必须首先计算 $\dfrac{\partial^2 L^*_{p}(\beta)}{\partial\beta\partial\beta'}$。

计算式（5-4）关于 $\beta$ 的一阶导数得到：$\dfrac{\partial L^*_{p}(\beta)}{\partial\beta}=N(T-1)\dfrac{X'Q_w\varepsilon}{\varepsilon'Q_w\varepsilon}+$ $N\dfrac{X'P_w\varepsilon}{\varepsilon'P_w\varepsilon}$。该式中分母是关于 $\beta$ 的实数函数，分子是关于 $\beta$ 的向量函数，所以应用附录引理6中矩阵函数求导公式（1），得到式（5-4）关于 $\beta$ 的二阶导数：

$$\frac{\partial^2 L^*_{p}(\beta)}{\partial\beta\partial\beta'}=N(T-1)\left(\frac{2X'Q_w\varepsilon\varepsilon'Q_wX}{(\varepsilon'Q_w\varepsilon)^2}-\frac{X'Q_wX}{\varepsilon'Q_w\varepsilon}\right)+N\left(\frac{2X'P_w\varepsilon\varepsilon'P_wX}{(\varepsilon'P_w\varepsilon)^2}-\frac{X'P_wX}{\varepsilon'P_w\varepsilon}\right)$$

(5-6)

下面我们将计算不同数据删除模型下，数据删除前后面板数据随机效应模型极大似然估计的近似数学关系式，结合式（5-6），可得到式（5-5）中删除数据关于子集参数 $\beta$ 的似然距离的近似公式。

### 5.1.1 基于截面数据删除的统计诊断

删除第 $i$ 个截面的所有观测后，面板数据随机效应模型的截面似然函数：

$$L^*_{p(i)}(\beta)=C^*-\frac{(N-1)(T-1)}{2}\ln\varepsilon(i)'Q_w(i)\varepsilon(i)-\frac{N-1}{2}\ln\varepsilon(i)'P_w(i)\varepsilon(i)$$

(5-7)

其中，$P_w(i)=I_{N-1}\otimes\bar{J}_T$，$Q_w(i)=I_{N-1}\otimes(I_T-\bar{J}_T)$，$\varepsilon(i)=y(i)-X(i)\beta$。计算式（5-7）关于 $\beta$ 的一阶导数，并在 $\hat\beta$ 处取值得到：

$$\frac{\partial L^*_{p(i)}(\beta)}{\partial\beta}=(N-1)(T-1)\frac{X(i)'Q_w(i)\hat\eta}{\hat\eta'Q_w(i)\hat\eta}+(N-1)\frac{X(i)'P_w(i)\hat\eta}{\hat\eta'P_w(i)\hat\eta}$$

(5-8)

其中，$\hat\eta=y(i)-X(i)\hat\beta$，$\hat\beta$ 为未删除数据模型的极大似然估计。应用附录引理6中矩阵函数求导公式（1），计算式（5-7）关于 $\beta$ 的二阶导数，并在 $\hat\beta$ 处取值得到：

$$\frac{\partial^2 L^*_{p(i)}(\hat\beta)}{\partial\beta\partial\beta'}=(N-1)(T-1)\left(\frac{2X(i)'Q_w(i)\hat\eta\hat\eta'Q_w(i)X(i)}{(\hat\eta'Q_w(i)\hat\eta)^2}-\frac{X(i)'Q_w(i)X(i)}{\hat\eta'Q_w(i)\hat\eta}\right)$$
$$+(N-1)\left(\frac{2X(i)'P_w(i)\hat\eta\hat\eta'P_w(i)X(i)}{(\hat\eta'P_w(i)\hat\eta)^2}-\frac{X(i)'P_w(i)X(i)}{\hat\eta'P_w(i)\hat\eta}\right)$$

(5-9)

根据式（5-8）和式（5-9），应用式（2-6）中的一阶近似公式，我们就可以得到删除截面 $i$ 后估计量 $\hat{\beta}(i)$ 的一阶近似为：

$$\hat{\beta}^I(i) = \hat{\beta} + \ddot{L}_{p(i)}(\hat{\beta})^{-1} \dot{L}_{p(i)}(\hat{\beta}) \qquad (5-10)$$

应用式（5-6）、式（5-8）及式（5-10）的结果，就可以得到第 $i$ 个截面的数据点关于子集参数 $\beta$ 的似然距离：

$$LD^I_i(\beta|\varphi) = -(\hat{\beta} - \hat{\beta}(i))'\frac{\partial^2 L^*_p(\hat{\beta})}{\partial\beta\partial\beta'}(\hat{\beta} - \hat{\beta}(i)) \qquad (5-11)$$

其中，$\hat{\beta}$ 为未删除数据模型的极大似然估计。

逐点计算出 $LD^I_i(i = 1, 2, \cdots, N)$，如果存在某个点的似然距离显著大，则该截面的数据就可能为极大似然估计的强影响或异常截面的数据。

### 5.1.2　基于时间数据删除的统计诊断

与基于截面数据删除的研究思路相同，在时间数据删除模型中，$P_w(t) = I_N \otimes \bar{J}_{T-1}$，$Q_w(t) = I_N \otimes (I_{T-1} - \bar{J}_{T-1})$。因此删除时间 $t$ 的所有数据后，截面似然函数的二阶近似为：

$$LD^I_t(\hat{\beta}|\varphi) = -(\hat{\beta} - \hat{\beta}(t))'\frac{\partial^2 L_p(\hat{\beta})}{\partial\beta\partial\beta'}(\hat{\beta} - \hat{\beta}(t)) \qquad (5-12)$$

其中：

$$\hat{\beta}^I(t) = \hat{\beta} + \ddot{L}_{p(t)}(\hat{\beta})^{-1} \dot{L}_{p(t)}(\hat{\beta})$$

$$\frac{\partial L^*_{p(t)}(\hat{\beta})}{\partial\beta} = (N)(T-2)\frac{X(t)'Q_w(t)\hat{\gamma}}{\hat{\gamma}'Q_w(t)\hat{\gamma}} + N\frac{X(t)'P_w(t)\hat{\gamma}}{\hat{\gamma}'P_w(t)\hat{\gamma}}$$

$$\frac{\partial^2 L^*_{p(t)}(\hat{\beta})}{\partial\beta\partial\beta'} = N(T-2)\left(\frac{2X(t)'Q_w(t)\hat{\gamma}\hat{\gamma}'Q_w(t)X(t)}{(\hat{\gamma}'Q_w(t)\hat{\gamma})^2} - \frac{X(t)'Q_w(t)X(t)}{\hat{\gamma}'Q_w(t)\hat{\gamma}}\right) +$$

$$N\left(\frac{2X(t)'P_w(t)\hat{\gamma}\hat{\gamma}'P_w(t)X(t)}{(\hat{\gamma}'P_w(t)\hat{\gamma})^2} - \frac{X(t)'P_w(t)X(t)}{\hat{\gamma}'P_w(t)\hat{\gamma}}\right)$$

$$\hat{\gamma} = y(t) - X(t)\hat{\beta}$$

逐点计算出 $LD^I_t(t = 1, 2, \cdots, T)$，如果存在某个点的似然距离显著大，则该时间的数据就可能为面板数据随机效应模型极大似然估计中强影响时间的观测值或异常时间的观测值。

## 5.2　基于 Cook 曲率度量的统计诊断

与基于数据删除的统计诊断方法相比，基于 Cook 曲率度量的统计诊断方法不仅能够有效地识别异常点，还能在一定程度上避免统计诊断中的"掩盖"（masking）问题，其主要思路：对原始模型引入扰动 $\omega$，通过扰动下似然距离的曲率度量，寻找最大扰动方向，作为异常点识别的依据。本节使用的扰动模型包括：方差扰动、自变量扰动以及因变量扰动。

对于扰动前后面板数据随机效应模型的集中化对数似然函数 $L^*(\theta)$ 和 $L^*(\theta(\omega))$，扰动 $\omega$ 关于未知参数 $\theta$ 的似然距离：

$$LD(\omega) = 2\left\{L^*(\hat{\theta}) - L^*(\hat{\theta}(\omega))\right\} \qquad (5-13)$$

为了得到似然距离（5-13），本书采用其二阶近似公式（2-8），可得到：

$$LD^{II}(\omega) = d'(-\ddot{F})d \qquad (5-14)$$

其中，$d = \omega - \omega_0$，$\ddot{F} = \Delta'\ddot{L}^*(\hat{\theta})^{-1}\Delta$ 为影响矩阵，$\Delta = \dfrac{\partial^2 L(\theta|\omega)}{\partial\theta\partial\omega'}\bigg|_{\omega_0,\hat{\theta}}$。在式（5-14）中，$\ddot{L}^*(\hat{\theta})$ 与扰动 $\omega$ 无关，所以在考察具体扰动之前，我们先计算 $\ddot{L}^*(\hat{\theta}) = \begin{pmatrix} L_{11} & L_{12} \\ L_{21} & L_{22} \end{pmatrix}$，其中，

$$L_{11} = \frac{\partial^2 L^*(\beta,\varphi)}{\partial\beta\partial\beta'}\bigg|_{(\hat{\beta},\hat{\varphi})}, \quad L_{22} = \frac{\partial^2 L^*(\beta,\varphi)}{\partial\varphi^2}\bigg|_{(\hat{\beta},\hat{\varphi})}$$

$$L_{12} = \frac{\partial^2 L^*(\beta,\varphi)}{\partial\beta\partial\varphi}\bigg|_{(\hat{\beta},\hat{\varphi})}, \quad L_{21} = \frac{\partial^2 L^*(\beta,\varphi)}{\partial\varphi\partial\beta'}\bigg|_{(\hat{\beta},\hat{\varphi})}$$

计算面板数据随机效应模型的集中化对数似然函数（5-1）关于 $\beta$ 和 $\varphi$ 的一阶导数得到：

$$\frac{\partial L^*(\beta,\varphi)}{\partial\beta} = \frac{NTX'(Q_w + \varphi P_w)\varepsilon}{\varepsilon'(Q_w + \varphi P_w)\varepsilon} \qquad (5-15)$$

$$\frac{\partial L^*(\beta,\varphi)}{\partial\varphi} = -\frac{NT}{2}\frac{\varepsilon' P_w \varepsilon}{\varepsilon'(Q_w + \varphi P_w)\varepsilon} + \frac{N}{2}\frac{1}{\varphi} \qquad (5-16)$$

根据附录引理 6 中向量的矩阵函数求导法则，我们可求得下列导数关系式：

$$\frac{\partial X'(Q_w+\varphi P_w)\varepsilon}{\partial \beta} = \frac{\partial \varepsilon}{\partial \beta}\frac{\partial X'(Q_w+\varphi P_w)\varepsilon}{\partial \varepsilon} = -X'(Q_w+\varphi P_w)X$$

$$\frac{\partial \varepsilon'(Q_w+\varphi P_w)\varepsilon}{\partial \beta} = \frac{\partial \varepsilon}{\partial \beta}\frac{\partial \varepsilon'(Q_w+\varphi P_w)\varepsilon}{\partial \varepsilon} = -2X'(Q_w+\varphi P_w)\varepsilon$$

$$\frac{\partial \varepsilon' P_w \varepsilon}{\partial \beta} = \frac{\partial \varepsilon}{\partial \beta}\frac{\partial \varepsilon' P_w \varepsilon}{\partial \varepsilon} = -2X' P_w \varepsilon$$

注意到，$\left.\dfrac{\partial L^*(\beta,\varphi)}{\partial \beta}\right|_{(\hat{\beta},\hat{\varphi})}=0$，$\left.\dfrac{\partial L^*(\beta,\varphi)}{\partial \varphi}\right|_{(\hat{\beta},\hat{\varphi})}=0$，所以

$$X'(Q_w+\hat{\varphi}P_w)\hat{\varepsilon}=0,\quad \frac{\hat{\varepsilon}' P_w \hat{\varepsilon}}{\hat{\varepsilon}'(Q_w+\hat{\varphi}P_w)\hat{\varepsilon}}=\frac{1}{\hat{\varphi}T}$$

根据上述计算，我们可得到：

$$L_{11}=\left.\frac{\partial^2 L(\beta,\varphi)}{\partial \beta \partial \beta'}\right|_{(\hat{\beta},\hat{\varphi})}=-\frac{NTX'(Q_w+\hat{\varphi}P_w)X}{\hat{\varepsilon}'(Q_w+\hat{\varphi}P_w)\hat{\varepsilon}} \tag{5-17}$$

$$L_{12}=\left.\frac{\partial^2 L(\beta,\varphi)}{\partial \beta \partial \varphi}\right|_{(\hat{\beta},\hat{\varphi})}=\frac{NTX' P_w \hat{\varepsilon}}{\hat{\varepsilon}'(Q_w+\hat{\varphi}P_w)\hat{\varepsilon}} \tag{5-18}$$

$$L_{21}=\left.\frac{\partial^2 L(\beta,\varphi)}{\partial \varphi \partial \beta'}\right|_{(\hat{\beta},\hat{\varphi})}=\frac{NT\hat{\varepsilon}' P_w X}{\hat{\varepsilon}'(Q_w+\hat{\varphi}P_w)\hat{\varepsilon}} \tag{5-19}$$

$$L_{22}=\left.\frac{\partial^2 L(\beta,\varphi)}{\partial \varphi^2}\right|_{(\hat{\beta},\hat{\varphi})}=\frac{N}{2\hat{\varphi}^2 T}-\frac{N}{2\hat{\varphi}^2} \tag{5-20}$$

下面我们将推导各种扰动情况下的 $\ddot{\Delta}$，结合式（5-17）至式（5-20），可以得到式（5-14）中的影响矩阵 $\ddot{F}$。注意

$$\Delta=\left.\frac{\partial^2 L^*(\theta|\omega)}{\partial \theta \partial \omega'}\right|_{(\omega_0,\hat{\theta})}=\begin{pmatrix}\dfrac{\partial^2 L^*(\theta|\omega)}{\partial \beta \partial \omega'}\\[2mm]\dfrac{\partial^2 L^*(\theta|\omega)}{\partial \varphi \partial \omega'}\end{pmatrix}_{(\hat{\beta},\hat{\varphi},\omega_0)} \tag{5-21}$$

### 5.2.1　方差扰动下的统计诊断

由于面板数据随机效应模型的方差来自两部分，即个体项 $\alpha$ 和误差项 $u$，因此方差扰动又可以分为误差项方差扰动、个体项方差扰动以及误差项和个体项同时扰动三种情况。下面我们仅从截面维度展开推导。

记扰动后模型随机项为 $\varepsilon(\omega)$，其方差—协方差矩阵为 $\sum_{\omega}$，则面板数据随机效应模型的对数似然函数为：

$$L(\theta|\omega) = C^* - \frac{1}{2}\ln\left(\left|\sum_{\omega}\right|\right) - \frac{1}{2}(y - X\beta)'\sum_{\omega}^{-1}(y - X\beta)$$

$$(5-22)$$

### 5.2.1.1 误差项 u 方差的扰动

对误差项 $u$ 的方差按截面扰动，则扰动后误差项 $u$ 的方差—协方差矩阵为：

$$\text{var}(u) = W \otimes I_T \tag{5-23}$$

其中，$W = diag(\omega)$，$\omega = (\omega_1, \omega_2, \cdots, \omega_N)'$。在扰动（5-23）下，面板数据随机效应模型的方差—协方差矩阵：

$$\sum_{\omega} = \sigma_\alpha^2 I_N \otimes J_T + \sigma^2 W \otimes I_T = \begin{pmatrix} \sigma_\alpha^2 J_T + \omega_1 \sigma^2 I_T & & \\ & \ddots & \\ & & \sigma_\alpha^2 J_T + \omega_N \sigma^2 I_T \end{pmatrix}$$

因为 $\sum_{\omega}$ 是分块对角阵，所以容易计算得到：

$$\left|\sum_{\omega}\right| = \left|\sigma_\alpha^2 J_T + \omega_1 \sigma^2 I_T\right| \times \left|\sigma_\alpha^2 J_T + \omega_2 \sigma^2 I_T\right| \times \cdots \times \left|\sigma_\alpha^2 J_T + \omega_N \sigma^2 I_T\right|$$

$$= \prod_{i=1}^{N} \omega_i^{T-1} \sigma^{2T}(\omega_i - 1 + 1/\varphi)$$

$$\sum_{\omega}^{-1} = \sigma^{-2}\begin{pmatrix} V_1(\omega) & & \\ & \ddots & \\ & & V_N(\omega) \end{pmatrix}$$

其中，$V_i(\omega) = \frac{1}{\omega_i}I_T - \frac{1-\varphi}{T\omega_i(\omega_i\varphi + 1 - \varphi)}J_T$。将上述两式代入式（5-22），我们就可以得到扰动（5-23）下，面板数据随机效应模型的似然函数为：

$$L(\theta|\omega) = C^* - \frac{1}{2}\left\{(T-1)\sum_{i=1}^{N}\ln\omega_i + NT\ln\sigma^2 + \sum_{i=1}^{N}\ln(\omega_i - 1 + 1/\varphi)\right\}$$

$$- \frac{\sigma^{-2}}{2}\sum_{i=1}^{N}(y_i - X_i\beta)'V_i(\omega)(y_i - X_i\beta) \tag{5-24}$$

特别需要注意的是，在求解面板数据随机效应模型的极大似然估计时，我们使用的是集中化对数似然函数。所以，在扰动模型下也应该考虑集中化对数似然函数，而不是似然函数（5-24）本身。在扰动模型下，当 $\beta$ 和 $\varphi$ 的估计值给出后，$\sigma^2$ 的估计值就唯一确定了，即

$$\hat{\sigma}^2(\omega) = (NT)^{-1}\sum_{i=1}^{N}(y_i - X_i\beta)'V_i(\omega)(y_i - X_i\beta)$$

将上式代入式（5-24）中，得到扰动（5-23）下，面板数据随机效应模型的集中化对数似然函数为：

$$L^*(\theta|\omega) = C^* - \frac{1}{2}\left\{\begin{array}{l}(T-1)\sum_{i=1}^{N}\ln\omega_i + NT\ln(\sum_{i=1}^{N}(y_i-X_i\beta)'V_i(\omega)(y_i-X_i\beta)) \\ + \sum_{i=1}^{N}\ln(\omega_i - 1 + 1/\varphi)\end{array}\right\}$$

（5-25）

式（5-25）关于 $\beta$ 和 $\varphi$ 的一阶偏导数分别为：

$$\frac{\partial L^*(\theta|\omega)}{\partial\beta} = \frac{NT\sum_{i=1}^{N}X_i'V_i(\omega)(y_i-X_i\beta)}{\sum_{i=1}^{N}(y_i-X_i\beta)'V_i(\omega)(y_i-X_i\beta)}$$

$$\frac{\partial L^*(\theta|\omega)}{\partial\varphi} = \frac{1}{2}\sum_{i=1}^{N}\frac{1}{(\omega_i-1+1/\varphi)\varphi^2} - \frac{NT}{2}\frac{\sum_{i=1}^{N}(y_i-X_i\beta)'\frac{\partial V_i(\omega)}{\partial\varphi}(y_i-X_i\beta)}{\sum_{i=1}^{N}(y_i-X_i\beta)'V_i(\omega)(y_i-X_i\beta)}$$

其中，$\frac{\partial V_i(\omega)}{\partial\varphi} = \frac{J_T}{T(\omega_i\varphi+1-\varphi)^2}$。应用附录引理 2 中实数的矩阵函数求导法则，得到上述两式关于 $\omega_i$ 在 $(\hat{\beta}, \hat{\varphi}, \omega_0)$ 处的偏导数为：

$$\frac{\partial^2 L^*(\theta|\omega)}{\partial\beta\partial\omega_i}\bigg|_{(\hat{\beta}, \hat{\varphi}, \omega_0)} = -\hat{\sigma}^{-2}X_i'\left(I_T - \frac{1-\hat{\varphi}^2}{T}J_T\right)\hat{e}_i \qquad (5-26)$$

$$\frac{\partial^2 L^*(\theta|\omega)}{\partial\varphi\partial\omega_i}\bigg|_{(\hat{\beta}, \hat{\varphi}, \omega_0)} = -\frac{1}{2} - \frac{\hat{\varphi}}{T\hat{\sigma}^2}\hat{e}_i'J_T\hat{e}_i \qquad (5-27)$$

其中，$\hat{e}_i = y_i - X_i\hat{\beta}$。在上述求解过程中，我们利用了下列等式：

$$\frac{\partial V_i(\omega)}{\partial\omega_i}\bigg|_{\omega_i=1} = \frac{1-\varphi^2}{T}J_T - I_T, \quad X'(Q_w+\hat{\varphi}P_w)\hat{\varepsilon} = 0$$

将式（5-26）和式（5-27）代入式（5-21），可得到：

$$\Delta = \begin{pmatrix} -\hat{\sigma}^{-2}X_1'\left(I_T-\frac{1-\hat{\varphi}^2}{T}J_T\right)\hat{e}_1 & \cdots & -\hat{\sigma}^{-2}X_N'\left(I_T-\frac{1-\hat{\varphi}^2}{T}J_T\right)\hat{e}_N \\ -\frac{1}{2} - \frac{\hat{\varphi}}{T\hat{\sigma}^2}\hat{e}_1'J_T\hat{e}_1 & \cdots & -\frac{1}{2} - \frac{\hat{\varphi}}{T\hat{\sigma}^2}\hat{e}_N'J_T\hat{e}_N \end{pmatrix}$$

（5-28）

结合式（5-28）以及式（5-17）至式（5-20），我们就得到误差项方差扰动模型下的影响矩阵 $\ddot{F} = \Delta'\ddot{L}^*(\hat{\theta})^{-1}\Delta$。根据最大特征向量法，求出 $-\ddot{F}$ 的最大特征值所对应的特征向量，即为扰动影响最大的方向 $d_{\max}$。对 $(i, |(d_{\max})_i|)$（$i=1, 2, \cdots, N$）进行列表或作散点图，找出其中数值显著比其他点大的，其所对应的数据可能就为强影响截面的观测值或异常截面的观测值。

### 5.2.1.2 个体项 $\alpha$ 方差的扰动

对面板数据随机效应模型的个体项 $\alpha$ 方差引入扰动，使扰动后个体项 $\alpha$ 的方差—协方差矩阵为：

$$\operatorname{var}(\alpha(\omega)) = \sigma_\alpha^2 W \qquad (5-29)$$

其中，$W = diag(\omega)$，$\omega = (\omega_1, \omega_2, \cdots, \omega_N)'$。在扰动（5-29）下，面板数据随机效应模型的方差—协方差矩阵：

$$\sum_\omega = \sigma_\alpha^2 W \otimes J_T + \sigma^2 I_N \otimes I_T = \begin{pmatrix} \sigma_\alpha^2 \omega_1 J_T + \sigma^2 I_T & & \\ & \ddots & \\ & & \sigma_\alpha^2 \omega_N J_T + \sigma^2 I_T \end{pmatrix}$$

容易计算 $\sum_\omega$ 的行列式和逆矩阵分别为：

$$\left| \sum_\omega \right| = \prod_{i=1}^{N} |\sigma_\alpha^2 \omega_i J_T + \sigma^2 I_T| = \sigma^{2NT} \prod_{i=1}^{N} ((\varphi^{-1} - 1)\omega_i + 1)$$

$$\sum_\omega^{-1} = \sigma^{-2} \begin{pmatrix} V_1(\omega) & & \\ & \ddots & \\ & & V_N(\omega) \end{pmatrix}$$

其中，$V_i(\omega) = I_T - \dfrac{\omega_i(1-\varphi)}{T} J_T$。所以，在扰动（5-29）下，面板数据随机效应模型的对数似然函数：

$$L(\theta|\omega) = C^* - \frac{1}{2}\left\{ NT\ln\sigma^2 + \sum_{i=1}^{N} \ln[(\varphi^{-1} - 1)\omega_i + 1] \right\}$$
$$- \frac{\sigma^{-2}}{2} \sum_{i=1}^{N} (y_i - X_i\beta)' V_i(\omega)(y_i - X_i\beta) \qquad (5-30)$$

在扰动模型（5-29）下，当 $\beta$ 和 $\varphi$ 的估计值给出后，$\sigma^2$ 的估计值 $\hat{\sigma}^2(\omega) = (NT)^{-1} \sum_{i=1}^{N} (y_i - X_i\beta)' V_i(\omega)(y_i - X_i\beta)$，就唯一确定了。将上式代

入式（5-30）得到扰动（5-29）下，面板数据随机效应模型的集中化对数似然函数为（5-31）：

$$L^*(\theta|\omega) = C^* - \frac{1}{2}\left\{ \begin{array}{l} NT\ln(\sum_{i=1}^{N}(y_i - X_i\beta)'V_i(\omega)(y_i - X_i\beta)) \\ + \sum_{i=1}^{N}\ln[(\varphi^{-1}-1)\omega_i + 1] \end{array} \right\}$$

（5-31）

式（5-31）关于 $\beta$ 和 $\varphi$ 的一阶偏导数分别为：

$$\frac{\partial L^*(\theta|\omega)}{\partial \beta} = \frac{NT\sum_{i=1}^{N}X_iV_i(\omega)(y_i - X_i\beta)}{\sum_{i=1}^{N}(y_i - X_i\beta)'V_i(\omega)(y_i - X_i\beta)}$$

$$\frac{\partial L^*(\theta|\omega)}{\partial \varphi} = \frac{1}{2}\sum_{i=1}^{N}\frac{\omega_i}{\varphi((1-\varphi)\omega_i + \varphi)} - \frac{N}{2}\frac{\sum_{i=1}^{N}\omega_i(y_i - X_i\beta)'J_T(y_i - X_i\beta)}{\sum_{i=1}^{N}(y_i - X_i\beta)'V_i(\omega)(y_i - X_i\beta)}$$

应用附录引理 2 中实数的矩阵函数求导法则，得到上述两式关于 $\omega_i$ 在 $(\hat{\beta}, \hat{\varphi}, \omega_0)$ 处的一阶偏导数分别为：

$$\left.\frac{\partial^2 L^*(\theta|\omega)}{\partial \beta \partial \omega_i}\right|_{(\hat{\beta}, \hat{\varphi}, \omega_0)} = \hat{\sigma}^{-2}\frac{\hat{\varphi}-1}{T}X_i'J_T\hat{e}_i \qquad (5-32)$$

$$\left.\frac{\partial^2 L^*(\theta|\omega)}{\partial \varphi \partial \omega_i}\right|_{(\hat{\beta}, \hat{\varphi}, \omega_0)} = \frac{1}{2}\left(1 - \frac{1}{2\hat{\sigma}^2} + \frac{\hat{e}'P_w\hat{e}}{2N\hat{\sigma}^4}\right)\hat{e}_i'\bar{J}_T\hat{e}_i \qquad (5-33)$$

在上述求解过程中我们用到下列等式：

$$\left.\frac{\partial V_i(\omega)}{\partial \omega_i}\right|_{\omega_i=1} = \frac{\varphi-1}{T}J_T, \quad X'(Q_w + \hat{\varphi}P_w)\hat{\varepsilon} = 0$$

将式（5-32）和式（5-33）代入式（5-21）中，即可得扰动（5-29）：

$$\Delta = \begin{pmatrix} -\frac{1-\hat{\varphi}}{T\hat{\sigma}^2}X_1'J_T\hat{e}_1 & \cdots & -\frac{1-\hat{\varphi}}{T\hat{\sigma}^2}X_N'J_T\hat{e}_N \\ \frac{1}{2}(1 - \frac{1}{2\hat{\sigma}^2} + \frac{\hat{e}'P_w\hat{e}}{2N\hat{\sigma}^4})\hat{e}_1'\bar{J}_T\hat{e}_1 & \cdots & \frac{1}{2}(1 - \frac{1}{2\hat{\sigma}^2} + \frac{\hat{e}'P_w\hat{e}}{2N\hat{\sigma}^4})\hat{e}_N'\bar{J}_T\hat{e}_N \end{pmatrix}$$

（5-34）

结合式（5-34）以及式（5-17）至式（5-20），我们就可以得到个体

项方差扰动模型下的影响矩阵 $\ddot{F}=\Delta'\ddot{L}^*(\hat{\theta})^{-1}\Delta$。根据最大特征向量法，求出 $-\ddot{F}$ 的最大特征值所对应的特征向量，即为扰动影响最大的方向 $d_{max}$。对 $(i,\ |\ (d_{max})_i|)$ $(i=1,\ 2,\ \cdots,\ N)$ 进行列表或作散点图，找出其中数值显著比其他点大的，所对应数据可能就为强影响截面的观测值或异常截面的观测值。

### 5.2.1.3 误差项 $u$ 和个体项 $\alpha$ 方差同时扰动

对面板数据随机效应模型的误差项和个体项的方差同时扰动，扰动后两者的方差—协方差矩阵分别为：

$$\mathrm{var}(\alpha)=\sigma_\alpha^2 W,\ \mathrm{var}(u)=\sigma^2 W\otimes I_T \tag{5-35}$$

其中，$W=diag(\omega)$，$\omega=(\omega_1,\ \omega_2,\ \cdots,\ \omega_N)'$。在扰动（5-35）下，面板数据随机效应模型的方差—协方差矩阵：

$$\sum\nolimits_\omega=\sigma_\alpha^2 W\otimes J_T+\sigma^2 W\otimes I_T=\begin{pmatrix}\omega_1(\sigma_\alpha^2 J_T+\sigma^2 I_T) & & \\ & \ddots & \\ & & \omega_N(\sigma_\alpha^2 J_T+\sigma^2 I_T)\end{pmatrix}$$

容易计算 $\sum\nolimits_\omega$ 的行列式和逆矩阵分别为：

$$\left|\sum\nolimits_\omega\right|=\prod_{i=1}^N|\omega_i(\sigma_\alpha^2 J_T+\sigma^2 I_T)|=(\sigma^2)^{NT}\varphi^{-N}\left(\prod_{i=1}^N\omega_i\right)^T$$

$$\sum\nolimits_\omega^{-1}=\sigma^{-2}\begin{pmatrix}V(\omega_1) & & \\ & \ddots & \\ & & V(\omega_N)\end{pmatrix}$$

其中，$V(\omega_i)=\omega_i^{-1}\left(I_T-\dfrac{1-\varphi}{T}J_T\right)$。所以，扰动（5-35）下，面板数据随机效应模型的对数似然函数：

$$L(\theta|\omega)=C-\frac{1}{2}\{NT\mathrm{ln}\sigma^2-N\mathrm{ln}\varphi+T\sum_{i=1}^N\mathrm{ln}\omega_i\}$$
$$-\frac{\sigma^{-2}}{2}\sum_{i=1}^N(y_i-X_i\beta)'V(\omega_i)(y_i-X_i\beta) \tag{5-36}$$

在扰动（5-35）下，当 $\beta$ 和 $\varphi$ 的估计值给出后，$\sigma^2$ 的估计值就唯一确定了，即

$$\hat{\sigma}^2(\omega)=(NT)^{-1}\sum_{i=1}^N(y_i-X_i\beta)'V(\omega_i)(y_i-X_i\beta)$$

将上式代入式（5-36）得到扰动（5-35）下，面板数据随机效应模型集中化对数似然函数：

$$L^*(\theta|\omega) = C^* - \frac{1}{2}\{NT\ln(\sum_{i=1}^{N}(y_i - X_i\beta)'V(\omega_i)(y_i - X_i\beta)) - N\ln\varphi + T\sum_{i=1}^{N}\ln\omega_i\}$$

上式关于 $\beta$ 和 $\varphi$ 的一阶偏导数分别为：

$$\frac{\partial L^*(\theta|\omega)}{\partial \beta} = \frac{NT\sum_{i=1}^{N}X_i'V(\omega_i)(y_i - X_i\beta)}{\sum_{i=1}^{N}(y_i - X_i\beta)'V(\omega_i)(y_i - X_i\beta)}$$

$$\frac{\partial L^*(\theta|\omega)}{\partial \varphi} = \frac{N}{2\varphi} - \frac{N}{2}\frac{\sum_{i=1}^{N}\frac{1}{\omega_i}(y_i - X_i\beta)'J_T(y_i - X_i\beta)}{\sum_{i=1}^{N}(y_i - X_i\beta)'V(\omega_i)(y_i - X_i\beta)}$$

上述两式关于 $\omega_i$ 在 $(\hat{\beta},\ \hat{\varphi},\ \omega_0)$ 处的一阶偏导数分别为：

$$\left.\frac{\partial^2 L(\theta|\omega)}{\partial \beta \partial \omega_i}\right|_{(\hat{\beta},\ \hat{\varphi},\ \omega_0)} = -\hat{\sigma}^{-2}X_i'\left(I_T - \frac{1-\hat{\varphi}}{T}J_T\right)\hat{e}_i \qquad (5-37)$$

$$\left.\frac{\partial^2 L(\theta|\omega)}{\partial \varphi \partial \omega_i}\right|_{(\hat{\beta},\ \hat{\varphi},\ \omega_0)} = \frac{\hat{\sigma}^{-2}}{2}\hat{e}_i'\bar{J}_T\hat{e}_i - \frac{\hat{e}'P_w\hat{e}}{2N\hat{\sigma}^4}\hat{e}_i'(I_T - (1-\hat{\varphi})\bar{J}_T)\hat{e}_i \qquad (5-38)$$

将式（5-37）和式（5-38）代入式（5-21）中，我们就可以得到在扰动（5-35）下，

$$\Delta = \begin{pmatrix} -\sigma^{-2}X_1'\left(I_T - \frac{1-\hat{\varphi}}{T}J_T\right)\hat{e}_1 & \cdots & -\sigma^{-2}X_N'\left(I_T - \frac{1-\hat{\varphi}}{T}J_T\right)\hat{e}_N \\ \frac{1}{2\hat{\sigma}^2}\hat{e}_i'\bar{J}_T\hat{e}_i - \frac{\hat{e}'P_w\hat{e}}{2N\hat{\sigma}^4}\hat{e}_i'(I_T - (1-\hat{\varphi})\bar{J}_T)\hat{e}_i & \cdots & \frac{1}{2\hat{\sigma}^2}\hat{e}_i'\bar{J}_T\hat{e}_i - \frac{\hat{e}'P_w\hat{e}}{2N\hat{\sigma}^4}\hat{e}_i'(I_T - (1-\hat{\varphi})\bar{J}_T)\hat{e}_i \end{pmatrix}$$

$$(5-39)$$

结合式（5-39）以及式（5-17）至式（5-20），我们就可以得到误差项和个体项方差同时扰动下的影响矩阵 $\ddot{F} = \Delta'\ddot{L}^*(\hat{\theta})^{-1}\Delta$。根据最大特征向量法，求出 $-\ddot{F}$ 的最大特征值所对应的特征向量，即为扰动影响最大的方向 $d_{max}$。对 $(i,\ |(d_{max})_i|)$ $(i=1,\ 2,\ \cdots,\ N)$ 进行列表或作散点图，找出其中数值显著比其他点大的，所对应数据可能就为强影响截面的观测值或异常截面的观测值。

### 5.2.2  自变量扰动下的统计诊断

对面板数据随机效应模型的自变量引入扰动 $\omega$，扰动后面板数据随机

效应模型的集中化对数似然函数：

$$L^*(\theta|\omega) = C^* - \frac{NT}{2}\ln\{\varepsilon(\omega)'(Q_w+\varphi P_w)\varepsilon(\omega)\} + \frac{N}{2}\ln\varphi \qquad (5\text{-}40)$$

其中，$\varepsilon(\omega) = y - X(\omega)\beta$。式（5-40）关于 $\beta$ 和 $\varphi$ 的一阶偏导数分别为：

$$\frac{\partial L^*(\theta|\omega)}{\partial\beta} = \frac{NTX(\omega)'(Q_w+\varphi P_w)\varepsilon(\omega)}{\varepsilon(\omega)'(Q_w+\varphi P_w)\varepsilon(\omega)} \qquad (5\text{-}41)$$

$$\frac{\partial L^*(\theta|\omega)}{\partial\varphi} = \frac{N}{2\varphi} - \frac{NT}{2}\frac{\varepsilon(\omega)'P_w\varepsilon(\omega)}{\varepsilon(\omega)'(Q_w+\varphi P_w)\varepsilon(\omega)} \qquad (5\text{-}42)$$

应用引理 6 中向量的矩阵函数求导公式（1），得到式（5-41）和式（5-42）在 $\omega=\omega_0$ 处的一阶偏导数分别为：

$$\frac{\partial^2 L^*(\theta|\omega)}{\partial\beta\partial\omega}\bigg|_{\omega_0} = \hat{\sigma}^{-2}\frac{\partial(X(\omega)'(Q_w+\varphi P_w)\varepsilon(\omega))}{\partial\omega} \qquad (5\text{-}43)$$

$$\frac{\partial^2 L^*(\theta|\omega)}{\partial\varphi\partial\omega}\bigg|_{\omega_0} = -\hat{\sigma}^{-2}\frac{\partial\varepsilon(\omega)}{\partial\omega}P_w\varepsilon + \frac{\hat{\sigma}^{-2}}{\hat{\varphi}T}\frac{\partial\varepsilon(\omega)}{\partial\omega}(Q_w+\varphi P_w)\varepsilon \qquad (5\text{-}44)$$

上述计算过程中用到如下等式：

$$\hat{\sigma}^2 = (NT)^{-1}\varepsilon'(Q_w+\varphi P_w)\varepsilon, \quad X'(Q_w+\varphi P_w)\varepsilon = 0, \quad \frac{\hat{\varepsilon}'P_w\hat{\varepsilon}}{\hat{\varepsilon}'(Q_w+\hat{\varphi}P_w)\hat{\varepsilon}} = \frac{1}{\hat{\varphi}T}$$

下面我们将在自变量按截面扰动和自变量按时间扰动两种情况下，分别推导式（5-43）和式（5-44）的具体取值，从而构造影响函数中的 $\Delta$。

### 5.2.2.1 自变量按截面扰动

对第 $k$ 个自变量引入扰动 $\omega$，使扰动后自变量 $X(\omega)$ 与未扰动自变量 $X$ 之间的数学关系式为：

$$X(\omega) = X + (\omega\otimes\iota_T)d'_k \qquad (5\text{-}45)$$

其中，$\iota_T$ 为元素全为 1 的 $T$ 阶列向量，$\omega=(\omega_1,\cdots,\omega_N)'$ 为扰动向量，$\omega_0=(0,\cdots,0)'$ 表示无扰动，$d_k=(0,\cdots,1,\cdots,0)'$ 为第 $k$ 个元素为 1 且其他元素全为 0 的列向量。

利用式（5-45）展开 $X(\omega)'(Q_w+\varphi P_w)\varepsilon(\omega)$，可以得到：

$$X(\omega)'(Q_w+\varphi P_w)\varepsilon(\omega) = X'(Q_w+\varphi P_w)(y-X\beta) - X'(Q_w+\varphi P_w)(\omega\otimes\iota_T)\beta_k +$$
$$d_k(\omega\otimes\iota_T)'(Q_w+\varphi P_w)(y-X\beta) - d_k(\omega\otimes\iota_T)'(Q_w+\varphi P_w)(\omega\otimes\iota_T)\beta_k$$

$$(5\text{-}46)$$

根据引理 6 中向量的矩阵函数求导公式，可以得到如下导数关系式：

$$\frac{\partial X'(Q_w+\varphi P_w)(\omega\otimes\iota_T)\beta_k}{\partial\omega}=\beta_k(I_N\otimes\iota'_T)(Q_w+\varphi P_w)X$$

$$\frac{\partial d_k(\omega\otimes\iota_T)'(Q_w+\varphi P_w)(y-X\beta)}{\partial\omega}=(I_N\otimes\iota'_T)(Q_w+\varphi P_w)(y-X\beta)d'_k$$

$$\frac{\partial d_k(\omega\otimes\iota_T)'(Q_w+\varphi P_w)(\omega\otimes\iota_T)\beta_k}{\partial\omega}=2\beta_k(I_N\otimes\iota'_T)(Q_w+\varphi P_w)(\omega\otimes\iota_T)d'_k$$

将上述导数关系式代入式（5-45）中，可以导出式（5-46）在 $\omega=\omega_0$ 处的一阶偏导数：

$$\left.\frac{\partial^2 L^*(\theta|\omega)}{\partial\beta\partial\omega'}\right|_{(\hat{\beta},\hat{\varphi},\omega_0)}=\hat{\sigma}^{-2}(d_k\hat{e}'-\beta_k X')(Q_w+\hat{\varphi}P_w)(I_N\otimes\iota_T) \quad (5-47)$$

应用引理6，还可以得到扰动（5-46）下：

$$\frac{\partial\varepsilon(\omega)}{\partial\omega}=\frac{\partial(y-X(\omega)\beta)}{\partial\omega}=\frac{\partial(y-X\beta-(\omega\otimes\iota_T)\beta_k)}{\partial\omega}=-(I_N\otimes\iota'_T)\beta_k$$

将上式代入式（5-45），易知：

$$\left.\frac{\partial^2 L^*(\theta|\omega)}{\partial\varphi\partial\omega'}\right|_{(\hat{\beta},\hat{\varphi},\omega_0)}=\hat{\sigma}^{-2}\beta_k\hat{e}'\left(P_w-\frac{Q_w+\hat{\varphi}P_w}{\hat{\varphi}T}\right)(I_N\otimes\iota_T) \quad (5-48)$$

利用式（5-47）和式（5-48）的结果，扰动（5-45）下，影响矩阵中的 $\Delta$ 为：

$$\Delta=\begin{pmatrix}\dfrac{\partial^2 L(\theta|\omega)}{\partial\beta\partial\omega'}\\[2mm]\dfrac{\partial^2 L(\theta|\omega)}{\partial\varphi\partial\omega'}\end{pmatrix}_{(\hat{\beta},\hat{\varphi},\omega_0)}=\begin{pmatrix}\hat{\sigma}^{-2}(d_k\hat{e}'-\beta_k X')(Q_w+\hat{\varphi}P_w)(I_N\otimes\iota_T)\\[2mm]\hat{\sigma}^{-2}\hat{\beta}_k\hat{e}'\left(P_w-\dfrac{Q_w+\hat{\varphi}P_w}{\hat{\varphi}T}\right)(I_N\otimes\iota_T)\end{pmatrix}$$

$$(5-49)$$

结合式（5-49）以及式（5-17）至式（5-20），不难得到误差项方差扰动模型下的影响矩阵 $\ddot{F}=\Delta'\ddot{L}^*(\hat{\theta})^{-1}\Delta$。根据最大特征向量法，求出 $-\ddot{F}$ 的最大特征值所对应的特征向量，即为扰动影响最大的方向 $d_{\max}$。对 $(i,|(d_{\max})_i|)(i=1,2,\cdots,N)$ 进行列表或作散点图，找出其中数值显著比其他点大的，所对应数据可能就为强影响截面的观测值或异常截面的观测值。

#### 5.2.2.2  自变量按时间扰动

对第 $k$ 个自变量按时间引入扰动 $\omega$，使扰动后的模型自变量 $X(\omega)$ 与未扰动的模型自变量 $X$ 之间的数学关系式为：

$$X(\omega) = X + (\iota_N \otimes \omega) d'_k \tag{5-50}$$

利用式（5-50）展开 $X(\omega)'(Q_w + \varphi P_w)\varepsilon(\omega)$，有：

$$X(\omega)'(Q_w + \varphi P_w)\varepsilon(\omega) = X'(Q_w + \varphi P_w)(y - X\beta) - X'(Q_w + \varphi P_w)(\iota_N \otimes \omega)\beta_k +$$
$$d_k(\iota_N \otimes \omega)'(Q_w + \varphi P_w)(y - X\beta) - d_k(\iota_N \otimes \omega)'(Q_w + \varphi P_w)(\iota_N \otimes \omega)\beta_k$$

根据引理 6 中向量的矩阵函数求导公式，可以得到如下导数关系式：

$$\frac{\partial X'(Q_w + \varphi P_w)(\iota_N \otimes \omega)\beta_k}{\partial \omega} = \beta_k(\iota'_N \otimes I_T)(Q_w + \varphi P_w)X$$

$$\frac{\partial d_k(\iota_N \otimes \omega)'(Q_w + \varphi P_w)(y - X\beta)}{\partial \omega} = (\iota'_N \otimes I_T)(y - X\beta)(Q_w + \varphi P_w)d'_k$$

$$\frac{\partial d_k(\iota_N \otimes \omega)'(Q_w + \varphi P_w)(\iota_N \otimes \omega)\beta_k}{\partial \omega} = 2\beta_k(\iota'_N \otimes I_T)(Q_w + \varphi P_w)(\iota_N \otimes \omega)$$

根据上述导数关系式，式（5-43）关于 $\omega$ 在 $(\hat{\beta}, \hat{\varphi}, \omega_0)$ 处的一阶偏导数：

$$\left.\frac{\partial^2 L^*(\theta|\omega)}{\partial \beta \partial \omega'}\right|_{(\hat{\beta}, \hat{\varphi}, \omega_0)} = \hat{\sigma}^{-2}(d_k \hat{e}' - \hat{\beta}_k X')(Q_w + \hat{\varphi} P_w)(\iota_N \otimes I_T) \tag{5-51}$$

应用引理 6，还可以得到：

$$\frac{\partial \varepsilon(\omega)}{\partial \omega} = \frac{\partial(y - X(\omega)\beta)}{\partial \omega} = \frac{\partial(y - X\beta - (\iota_N \otimes \omega)\beta_k)}{\partial \omega} = -(\iota'_N \otimes I_T)\beta_k$$

将上式代入式（5-44）中可知：

$$\left.\frac{\partial^2 L^*(\theta|\omega)}{\partial \varphi \partial \omega'}\right|_{\omega_0} = \hat{\sigma}^{-2}\beta_k \hat{e}'\left(P_w - \frac{Q_w + \varphi P_w}{\hat{\varphi} T}\right)(\iota_N \otimes I_T) \tag{5-52}$$

根据式（5-51）和式（5-52）就可以得到扰动（5-50）下，影响矩阵中的 $\Delta$ 为：

$$\Delta = \left.\begin{pmatrix} \dfrac{\partial^2 L(\theta|\omega)}{\partial \beta \partial \omega'} \\[2mm] \dfrac{\partial^2 L(\theta|\omega)}{\partial \varphi \partial \omega'} \end{pmatrix}\right|_{(\hat{\beta}, \hat{\varphi}, \omega_0)} = \hat{\sigma}^{-2}\begin{pmatrix} (d_k \hat{e}' - \hat{\beta}_k X')(Q_w + \hat{\varphi} P_w)(\iota_N \otimes I_T) \\[2mm] \beta_k \hat{e}'\left(P_w - \dfrac{Q_w + \varphi P_w}{\hat{\varphi} T}\right)(\iota_N \otimes I_T) \end{pmatrix}$$

$$\tag{5-53}$$

结合式（5-53）以及式（5-17）至式（5-20），我们就得到误差项方差扰动模型下的影响矩阵 $\ddot{F} = \Delta' \ddot{L}^*(\hat{\theta})^{-1}\Delta$。根据最大特征向量法，求出 $-\ddot{F}$ 的最大特征值所对应的特征向量，即为扰动影响最大的方向 $d_{\max}$。对 $(t, |(d_{\max})_t|)$ $(t = 1, 2, \cdots, T)$ 进行列表或作散点图，找出其中数值

显著比其他点大的，所对应数据可能就为强影响时间的观测值或异常时间的观测值。

### 5.2.3　因变量扰动下的统计诊断

对面板数据随机效应模型的因变量引入扰动 $\omega$，扰动后模型集中化对数似然函数为：

$$L^{*}(\theta|\omega)=C^{*}-\frac{NT}{2}\ln\{\varepsilon(\omega)'(Q_{w}+\varphi P_{w})\varepsilon(\omega)\}+\frac{N}{2}\ln\varphi \qquad (5\text{-}54)$$

其中，$\varepsilon(\omega)=y(\omega)-X\beta$。式（5-54）关于 $\beta$ 和 $\varphi$ 的一阶偏导数分别为：

$$\frac{\partial L^{*}(\theta|\omega)}{\partial\beta}=\frac{NTX'(Q_{w}+\varphi P_{w})\varepsilon(\omega)}{\varepsilon(\omega)'(Q_{w}+\varphi P_{w})\varepsilon(\omega)} \qquad (5\text{-}55)$$

$$\frac{\partial L^{*}(\theta|\omega)}{\partial\varphi}=\frac{N}{2\varphi}-\frac{NT}{2}\frac{\varepsilon(\omega)'P_{w}\varepsilon(\omega)}{\varepsilon(\omega)'(Q_{w}+\varphi P_{w})\varepsilon(\omega)} \qquad (5\text{-}56)$$

应用引理 6 中向量矩阵函数求导公式（1），得到式（5-55）和式（5-56）关于 $\omega$ 的一阶偏导数为：

$$\left.\frac{\partial^{2}L^{*}(\theta|\omega)}{\partial\beta\partial\omega}\right|_{(\hat{\beta},\,\omega_{0})}=\hat{\sigma}^{-2}\frac{\partial\varepsilon(\omega)}{\partial\omega}(Q_{w}+\varphi P_{w})X \qquad (5\text{-}57)$$

$$\left.\frac{\partial^{2}L^{*}(\theta|\omega)}{\partial\varphi\partial\omega}\right|_{(\hat{\beta},\,\omega_{0})}=-\hat{\sigma}^{-2}\frac{\partial\varepsilon(\omega)}{\partial\omega}\left(P_{w}-\frac{Q_{w}+\varphi P_{w}}{\hat{\varphi}T}\right)\varepsilon \qquad (5\text{-}58)$$

在上述化简过程中，我们应用了下列等式：

$$\hat{\sigma}^{2}=(NT)^{-1}\varepsilon'(Q_{w}+\varphi P_{w})\varepsilon,\ X'(Q_{w}+\varphi P_{w})\varepsilon=0,\ \frac{\hat{\varepsilon}'P_{w}\hat{\varepsilon}}{\hat{\varepsilon}'(Q_{w}+\hat{\varphi}P_{w})\hat{\varepsilon}}=\frac{1}{\hat{\varphi}T}\circ$$

下面我们将应用式（5-57）和式（5-58），推导因变量按截面扰动和因变量按时间扰动两种情况下影响矩阵中的 $\Delta$。

#### 5.2.3.1　因变量按截面扰动

对面板数据随机效应模型的因变量按截面扰动，扰动后模型因变量 $y(\omega)$ 与未扰动时模型因变量 $y$ 满足如下数学关系式：

$$y(\omega)=y+\omega\otimes\iota_{T} \qquad (5\text{-}59)$$

其中，$\omega=(\omega_{1},\,\cdots,\,\omega_{N})'$ 为扰动向量；$\omega_{0}$ 表示无扰动，即 $y(\omega_{0})=y$。在扰动（5-59）下，有：

$$\frac{\partial\varepsilon(\omega)}{\partial\omega}=\frac{\partial y(\omega)}{\partial\omega}=\frac{\partial(y+\omega\otimes\iota_{T})}{\partial\omega}=I_{N}\otimes\iota_{T}' \qquad (5\text{-}60)$$

将式（5-60）代入式（5-57）和式（5-58）得到：

$$\left.\frac{\partial^2 L^*(\theta|\omega)}{\partial\beta\partial\omega}\right|_{(\hat{\beta},\,\omega_0)}=\hat{\sigma}^{-2}(I_N\otimes\iota'_T)(Q_w+\hat{\varphi}P_w)X \tag{5-61}$$

$$\left.\frac{\partial^2 L^*(\theta|\omega)}{\partial\varphi\partial\omega}\right|_{(\hat{\beta},\,\omega_0)}=-\hat{\sigma}^{-2}(I_N\otimes\iota'_T)\left(P_w-\frac{Q_w+\hat{\varphi}P_w}{\hat{\varphi}T}\right)\varepsilon \tag{5-62}$$

根据式（5-61）和式（5-62），易知扰动（5-59）下，影响矩阵中的 $\Delta$ 为：

$$\Delta=\begin{pmatrix}\hat{\sigma}^{-2}X'(Q_w+\hat{\varphi}P_w)(I_N\otimes\iota_T)\\-\hat{\sigma}^{-2}\hat{e}'\left(P_w-\frac{Q_w+\varphi P_w}{\hat{\varphi}T}\right)(I_N\otimes\iota_T)\end{pmatrix} \tag{5-63}$$

结合式（5-63）以及式（5-17）至式（5-20），我们就得到误差项方差扰动模型下的影响矩阵 $\ddot{F}=\Delta'\ddot{L}^*(\hat{\theta})^{-1}\Delta$。根据最大特征向量法，求出 $-\ddot{F}$ 的最大特征值所对应的特征向量，即为扰动影响最大的方向 $d_{max}$。对 $(i,|(d_{max})_i|)(i=1,2,\cdots,N)$ 进行列表或作散点图，找出其中数值显著比其他点大的，所对应数据可能就为强影响截面的观测值或异常截面的观测值。

#### 5.2.3.2 对因变量按时间扰动

对面板数据随机效应模型的因变量按时间扰动，使扰动后模型因变量 $y(\omega)$ 与未扰动模型因变量 $y$ 满足如下数学关系式：

$$y(\omega)=y+\iota_N\otimes\omega \tag{5-64}$$

其中，$\omega=(\omega_1,\cdots,\omega_T)'$ 为扰动向量；$\omega_0$ 表示无扰动，即 $y(\omega_0)=y$。在扰动（5-64）下，不难得到：

$$\frac{\partial\varepsilon(\omega)}{\partial\omega}=\frac{\partial y(\omega)}{\partial\omega}=\frac{\partial(y+\iota_N\otimes\omega)}{\partial\omega}=\iota'_N\otimes I_T \tag{5-65}$$

将式（5-65）代入式（5-57）和式（5-58）中，我们得到：

$$\left.\frac{\partial^2 L^*(\theta|\omega)}{\partial\beta\partial\omega}\right|_{(\hat{\beta},\,\omega_0)}=\hat{\sigma}^{-2}(\iota'_N\otimes I_T)(Q_w+\hat{\varphi}P_w)X \tag{5-66}$$

$$\left.\frac{\partial^2 L^*(\theta|\omega)}{\partial\varphi\partial\omega}\right|_{(\hat{\beta},\,\omega_0)}=-\hat{\sigma}^{-2}(\iota'_N\otimes I_T)\left(P_w-\frac{Q_w+\hat{\varphi}P_w}{\hat{\varphi}T}\right)\varepsilon \tag{5-67}$$

根据式（5-66）和式（5-67），我们就可以得到扰动（5-65）下的 $\Delta$ 为：

$$\Delta = \begin{pmatrix} \hat{\sigma}^{-2} X' ( Q_w + \hat{\varphi} P_w ) ( \iota_N \otimes I_T ) \\ -\hat{\sigma}^{-2} \hat{e}' \left( P_w - \dfrac{Q_w + \varphi P_w}{\hat{\varphi} T} \right) ( \iota_N \otimes I_T ) \end{pmatrix} \tag{5-68}$$

结合式（5-68）以及式（5-17）至式（5-20），我们就得到误差项方差扰动模型下的影响矩阵 $\ddot{F} = \Delta' \ddot{L}^* \, (\hat{\theta})^{-1} \Delta$。根据最大特征向量法，求出 $-\ddot{F}$ 的最大特征值所对应的特征向量，即为扰动影响最大的方向 $d_{max}$。对 $(t, \mid (d_{max})_t \mid)$ $(t = 1, 2, \cdots, T)$ 进行列表或作散点图，找出其中数值显著比其他点大的，所对应数据可能就为强影响时间的观测值或异常时间的观测值。

# 第❻章
# Hausman 检验统计量的统计诊断

在面板数据模型的研究中，固定效应和随机效应的选择是首先需要解决的问题，因为模型的设定将直接影响到参数估计的性质，包括无偏性、一致性以及有效性。具体来说，如果对具有随机效应的数据采用固定效应模型，将减少自由度，降低参数估计的有效性；另外，如果对具有固定效应的数据采用随机效应模型，将会得到有偏的参数估计，导致模型建立、估计、预测等失去应有的价值。在面板数据模型发展的早期，模型设定问题就引起了当时研究者的广泛关注。Hausman（1978）基于面板数据模型协方差估计和广义最小二乘估计在不同模型设定下的不同性质，构建面板数据模型设定的 Hausman 检验统计量：

$$H = \hat{q}' \hat{V}^{-1} \hat{q}$$

其中，$\hat{q} = \hat{\beta}_{CV} - \hat{\beta}_{GLS}$，$V = \text{var}(\hat{\beta}_{CV}) - \text{var}(\hat{\beta}_{GLS})$。在随机效应的原假设下，检验统计量 $H$ 服从 $\chi^2(p)$ 分布。这里特别需要注意的是，Hausman 检验统计量中含有未知参数 $\sigma^2$ 和 $\sigma_\alpha^2$，因此 $H$ 本身是不可计算的。对此，我们需要使用它们的一致估计量式（2-19）和式（2-20）进行替代，Hausman（1978）证明替代前后的 $H$ 渐近同分布。所以，在本章的理论推导中，将 $\sigma^2$ 和 $\sigma_\alpha^2$ 视为已知，第 7 章将根据式（2-19）和式（2-20）计算它们的一致估计量，进行数值实例分析。

Hausman 检验是面板数据模型最重要的假设检验之一，它为固定效应和随机效应的选择提供了定量的依据。Hausman 凭借论文 "*Specification Tests in Econometrics*" 获得 2011 年汤森路透的引文桂冠奖（Citation Laureates）。由此可见 Hausman 检验在面板数据建模中被引用的频繁程度和重要性。

面板数据模型的设立直接依赖于 Hausman 检验的结论，但是目前并没有相关文献对 Hausman 检验统计量的稳健性进行研究。如果 Hausman 检容易受到异常值的干扰，那么依据 Hausman 检验结果设定面板数据模型形式就可能存在很大风险。尤其在经济、管理等领域的研究中，由于个体行为的某些异常特征，异常值的出现非常频繁。因此，研究 Hausman 检验统计量的统计诊断问题，不仅具有重要的理论价值，而且具有迫切的现实意义。

本章采用基于数据删除和基于广义影响函数两种统计诊断方法，研究面板数据模型 Hausman 检验统计量的统计诊断问题。由于 Hausman 统计量是基于协方差估计和广义最小二乘估计及其方差—协方差矩阵构建的，所以本章的推导需要应用第 3 章和第 4 章的相关结论。

本章内容安排如下：第 6.1 节基于数据删除模型的统计诊断，分别从截面数据删除和时间数据删除两个角度，构造数据删除前后 Hausman 检验统计量的广义 Cook 距离，用以衡量删除数据对 Hausman 检验统计量的影响，也就是诊断不同截面和不同时间数据异常性的统计量；第 6.2 节基于广义影响函数的统计诊断，采用方差扰动、自变量扰动、因变量扰动三种扰动模型，构造 Hausman 检验统计量中多个异常点识别的诊断统计量。由于 Hausman 检验的原假设是随机效应模型，所以本章的研究以面板数据随机效应模型为框架。

# 6.1　基于数据删除模型的统计诊断

由于 Hausman 检验统计量是基于面板数据随机效应模型协方差估计和广义最小二乘估计及其方差—协方差矩阵构造而成，所以在数据删除模型下考察 Hausman 检验统计量的统计诊断，可以利用第 3.1 节和第 4.1 节的相关结论，并由此推导出不同维度的数据删除前后 Hausman 检验统计量的差异。下面我们将从截面和时间两个维度，推导 Hausman 检验统计量中异常点识别的诊断统计量。

## 6.1.1　基于截面数据删除的统计诊断

第 $i$ 个截面的观测值删除后，面板数据随机效应模型的协方差估计及其方差—协方差矩阵的改变由式（3-8）和式（3-9）给出，即

$$\hat{\beta}_{CV}(i) = \hat{\beta}_{CV} + C_2, \operatorname{var}(\hat{\beta}_{CV}(i)) = \operatorname{var}(\hat{\beta}_{CV}) + \sigma^2 C_1$$

第 $i$ 个截面的观测值删除后，面板数据随机效应模型的广义最小二乘

估计其方差—协方差阵的改变由式（4-7）和式（4-8）给出，即

$$\hat{\beta}_{GLS}(i)=\hat{\beta}_{GLS}+C_8,\mathrm{var}(\hat{\beta}_{GLS}(i))=\mathrm{var}(\hat{\beta}_{GLS})+C_7$$

因此，第 $i$ 个截面的观测值删除后，面板数据模型的 Hausman 检验统计量为：

$$H(i)=(\hat{\beta}_{CV}(i)-\hat{\beta}_{GLS}(i))'[\mathrm{var}(\hat{\beta}_{CV}(i))-\mathrm{var}(\hat{\beta}_{GLS}(i))]^{-1}(\hat{\beta}_{CV}(i)-\hat{\beta}_{GLS}(i))$$
$$=(\hat{q}+C_2-C_8)'(V+\sigma^2 C_1-C_7)^{-1}(\hat{q}+C_2-C_8)$$

利用附录引理 1 中的和式求逆公式，取 $A=V$，$M=\sigma^2 C_1-C_7$，$N=I$，得到上式中间项的逆矩阵为 $(V+\sigma^2 C_1-C_7)^{-1}=\hat{V}^{-1}-\hat{V}^{-1}(\sigma^2 C_1-C_7)(I+\hat{V}^{-1}(\sigma^2 C_1-C_7))^{-1}\hat{V}^{-1}$，代回截面数据删除后的 Hausman 检验统计量 $H(i)$ 即可得到：

$$H(i)=H+c_1 \tag{6-1}$$

其中：

$$c_1=\hat{q}'\hat{V}^{-1}(C_2-C_8)-\hat{q}'\hat{V}^{-1}(\hat{\sigma}^2 C_1-C_7)(I+\hat{V}^{-1}(\hat{\sigma}^2 C_1-C_7))^{-1}\hat{V}^{-1}(\hat{q}+C_2-C_8)$$
$$+(C_2-C_8)'(\hat{V}^{-1}-\hat{V}^{-1}(\hat{\sigma}^2 C_1-C_7)(I+\hat{V}^{-1}(\hat{\sigma}^2 C_1-C_7))^{-1}\hat{V}^{-1})(\hat{q}+C_2-C_8)$$

由于 Hausman 检验统计量是一个标量，因此在构建 Cook 距离时，不需要引入加权阵（或者引入单位 1 的加权阵），从而得到 Hausman 检验统计量的删除截面 $i$ 下的广义 Cook 距离：

$$D_i=(H(i)-H)^2=c_1^2 \tag{6-2}$$

$D_i$ 反映了第 $i$ 个截面删除前后 Hausman 检验统计量取值的改变量，此改变量越大，说明第 $i$ 个截面对 Hausman 检验统计量取值的影响程度越强。对 $(i,D_i)$ $(i=1,2,\cdots,N)$ 进行列表或作散点图，其中数值显著更大的点所对应的截面数据，就有可能为 Hausman 检验统计量中的强影响或异常截面数据。

再次指出，式（6-2）中含有的未知参数 $\sigma^2$ 和 $\sigma_\alpha^2$，将使用式（2-19）和式（2-20）中它们的一致估计量进行替代，以后不再声明。

### 6.1.2 基于时间数据删除的统计诊断

删除第 $t$ 时间的所有观测后，面板数据随机效应模型的协方差估计及其方差—协方差阵的改变由式（3-17）和式（3-18）给出，即

$$\hat{\beta}_{CV}(t)=\hat{\beta}_{CV}+C_6,\mathrm{var}(\hat{\beta}_{CV}(t))=\mathrm{var}(\hat{\beta}_{CV})+\sigma^2 C_5$$

删除第 $t$ 时间的所有观测后，面板数据随机效应模型的广义最小二乘估计及其方差—协方差阵的改变由式（4-18）和式（4-19）给出，即

$$\hat{\beta}_{GLS}(t)=\hat{\beta}_{GLS}+C_{12},\ \mathrm{var}(\hat{\beta}_{GLS}(t))=\mathrm{var}(\hat{\beta}_{GLS})+C_{11}$$

利用上述关系式，我们得到删除第 $t$ 时间的所有观测后面板数据模型 Hausman 检验统计量如下：

$$H(t)=(\hat{\beta}_{CV}(t)-\hat{\beta}_{GLS}(t))'[\mathrm{var}(\hat{\beta}_{CV}(t))-\mathrm{var}(\hat{\beta}_{GLS}(t))]^{-1}(\hat{\beta}_{CV}(t)-\hat{\beta}_{GLS}(t))$$
$$=(\hat{q}+C_6-C_{12})'(V+\sigma^2 C_5-C_{11})^{-1}(\hat{q}+C_6-C_{12})$$

应用附录引理 1 中和式求逆公式，$A=V$，$M=\sigma^2 C_5-C_{11}$，$N=I$，易得上式中间项的逆矩阵：

$$(\hat{V}+\sigma^2 C_5-C_{11})^{-1}=\hat{V}^{-1}-\hat{V}^{-1}(\sigma^2 C_5-C_{11})(I+\hat{V}^{-1}(\sigma^2 C_5-C_{11}))^{-1}\hat{V}^{-1}$$

利用上式可以得到删除 $t$ 时间所有观测后的 Hausman 检验统计量：

$$H(t)=H+c_2 \tag{6-3}$$

其中：

$$c_2=\hat{q}'\hat{V}^{-1}(C_6-C_{12})-\hat{q}'\hat{V}^{-1}(\sigma^2 C_5-C_{11})(I+\hat{V}^{-1}(\sigma^2 C_5-C_{11}))^{-1}\hat{V}^{-1}(\hat{q}+C_6-C_{12})$$
$$+(C_6-C_{12})'(\hat{V}^{-1}-\hat{V}^{-1}(\sigma^2 C_5-C_{11})(I+\hat{V}^{-1}(\sigma^2 C_5-C_{11}))^{-1}\hat{V}^{-1})(\hat{q}+C_6-C_{12})$$

根据式（6-3），可以定义广义 Cook 距离：

$$D_t=(H(t)-H)^2=c_2^2 \tag{6-4}$$

在式（6-4）中，$D_t$ 反映了第 $t$ 时间的观测删除前后面板数据 Hausman 检验统计量的改变量，该改变量越大，就说明第 $t$ 时间的观测在 Hausman 检验中所起的作用就越大。对 $(t,D_t)$（$t=1,2,\cdots,T$）进行列表或作图，其中数值显著更大的点所对应的时间，就可能为面板数据模型 Hausman 检验统计量中强影响时间的观测值或异常时间的观测值。

## 6.2　基于广义影响函数的统计诊断

根据第 3.2 节和第 4.2 节的分析可知，当对面板数据随机效应模型引入扰动 $\omega$ 后，模型的协方差估计和广义最小二乘估计及其方差—协方差矩阵都可能相应发生改变。而 Hausman 检验统计量正是基于协方差估计和广义最小二乘估计及其方差—协方差矩阵构建，因此扰动 $\omega$ 也会对 $H$ 带来影响。记扰动后面板数据模型的 Hausman 检验统计量：

$$H(\omega)=\hat{q}(\omega)'V(\omega)^{-1}\hat{q}(\omega) \tag{6-5}$$

其中，$\hat{q}(\omega)=\hat{\beta}_{CV}(\omega)-\hat{\beta}_{GLS}(\omega)$，$V(\omega)=\mathrm{var}(\hat{\beta}_{CV}(\omega))-\mathrm{var}(\hat{\beta}_{GLS}(\omega))$。

与第 3.2 节和第 4.2 节的分析相对应，在扰动 $\omega$ 下分析面板数据模型

Hausman 检验统计量 $H$ 的统计诊断，也可以分别使用方差扰动、自变量扰动、因变量扰动三种扰动模型，并且各种扰动模型又可以分为截面维度的扰动和时间维度的扰动。下面我们将对各种不同情况下的扰动分别展开讨论。

## 6.2.1 方差扰动下的统计诊断

在广义影响函数定义（2-13）下，根据式（6-5）得到扰动 $\omega$ 对 Hausman 检验统计量 $H$ 的广义影响函数：

$$GIF(H,\ d)=\frac{\partial H(\omega_0+ad)}{\partial a}\bigg|_{a=0}=\hat{q}'\left(\frac{\partial \hat{V}(\omega)^{-1}}{\partial a}\right)\hat{q}+2\hat{q}'\hat{V}^{-1}\frac{\partial(\hat{\beta}_{CV}(\omega)-\hat{\beta}_{GLS}(\omega))}{\partial a}$$

$$(6-6)$$

我们注意到，Hausman 检验统计量 $H$ 是一个标量，因此在构建扰动 $\omega$ 下的广义 Cook 距离时，可以取单位矩阵为加权阵，即

$$GC(H,\ d)=GIF(H,\ d)'GIF(H,\ d) \qquad (6-7)$$

下面我们将分误差项方差扰动、个体项方差扰动、误差项和个体项方差同时扰动三种情况，考察方差扰动下 Hausman 检验统计量的统计诊断。另外，对误差项方差的扰动，还可以细分为按截面扰动和按时间扰动两种情况。

### 6.2.1.1 误差项 $u$ 的方差按截面扰动

当对误差项 $u$ 的方差按截面扰动时，根据第 3.2.1 节的结论可知，方差加权扰动并不会改变面板数据随机效应模型协方差估计量，所以式（6-8）成立，但是协方差估计的方差—协方差矩阵发生了改变，根据式（3-25）可知，协方差估计的方差—协方差矩阵在 $a=0$ 处的一阶偏导数矩阵为：

$$\frac{\partial \hat{\beta}_{CV}(\omega)}{\partial a}\bigg|_{a=0}=0 \qquad (6-8)$$

$$\frac{\partial \text{var}(\hat{\beta}_{CV}(\omega))}{\partial a}\bigg|_{a=0}=\sigma^2(X'QX)^{-1}X'Q(D\otimes I_T)QX(X'QX)^{-1}$$

在误差项 $u$ 的方差按截面扰动的情况下，由式（4-31）和式（4-32）我们可以得到面板数据随机效应模型广义最小二乘估计及其方差—协方差矩阵在 $a=0$ 处的一阶偏导数矩阵分别为：

$$\frac{\partial \hat{\beta}_{GLS}(\omega)}{\partial a}\bigg|_{a=0}=-\sigma^2(X'\Omega^{-1}X)^{-1}X'\Omega^{-1}\cdot diag(\Omega^{-1}\hat{e}_{GLS})\cdot(d\otimes\iota_T)$$

$$(6-9)$$

$$\left.\frac{\partial \mathrm{var}(\hat{\beta}_{GLS}(\omega))}{\partial a}\right|_{a=0} = \sigma^2 (X'\Omega^{-1}X)^{-1} X'\Omega^{-1} (D\otimes I_T) \Omega^{-1} X (X'\Omega^{-1}X)^{-1}$$

根据上面协方差估计和广义二乘估计的方差—协方差矩阵关于 $a$ 的一阶偏导数矩阵，我们可以得到 $V(\omega)^{-1}$ 在 $a=0$ 处的一阶偏导数矩阵：

$$\left.\frac{\partial \hat{V}(\omega)^{-1}}{\partial a}\right|_{a=0} = -\hat{V}^{-1} \frac{\partial \hat{V}(\omega)}{\partial a} \hat{V}^{-1} = -\hat{V}^{-1} \left(\frac{\partial \mathrm{var}(\hat{\beta}_{CV}(\omega))}{\partial a} - \frac{\partial \mathrm{var}(\hat{\beta}_{GLS}(\omega))}{\partial a}\right) \hat{V}^{-1}$$

$$= -\sigma^2 \hat{V}^{-1} (X'QX)^{-1} X'Q (D\otimes I_T) QX(X'QX)^{-1} \hat{V}^{-1}$$

$$+ \sigma^2 \hat{V}^{-1} (X'\Omega^{-1}X)^{-1} X'\Omega^{-1} (D\otimes I_T) \Omega^{-1} X (X'\Omega^{-1}X)^{-1} \hat{V}^{-1}$$

$$(6-10)$$

将式（6-8）、式（6-9）和式（6-10）代入式（6-6），就可以得到误差项方差按截面扰动下 Hausman 检验统计量的广义影响函数：

$$GIF(H,\ d) = \sigma^2 \hat{q}' \begin{pmatrix} \hat{V}^{-1} (X'\Omega^{-1}X)^{-1} X'\Omega^{-1}\ (D\otimes I_T) \Omega^{-1} X (X'\Omega^{-1}X)^{-1} \hat{V}^{-1} \\ -\hat{V}^{-1} (X'QX)^{-1} X'Q\ (D\otimes I_T)\ QX(X'QX)^{-1} \hat{V}^{-1} \end{pmatrix} \hat{q} +$$

$$2\sigma^2 \hat{q}' \hat{V}^{-1} (X'\Omega^{-1}X)^{-1} X'\Omega^{-1} \cdot diag(\Omega^{-1} \hat{e}_{GLS}) \cdot (d\otimes \iota_T)$$

根据附录引理 3 可知，在上式中

$$(D\otimes I_T)\Omega^{-1}X(X'\Omega^{-1}X)^{-1}\hat{V}^{-1}\hat{q} = diag(\Omega^{-1}X(X'\Omega^{-1}X)^{-1}\hat{V}^{-1}\hat{q}) \cdot (d\otimes \iota_T)$$

$$(D\otimes I_T)QX(X'QX)^{-1}\hat{V}^{-1}\hat{q} = diag(QX(X'QX)^{-1}\hat{V}^{-1}\hat{q}) \cdot (d\otimes \iota_T)$$

据此，广义影响函数又可以改写为

$$GIF(H,\ d) = f'(d\otimes \iota_T) \tag{6-11}$$

其中

$$f' = \sigma^2 \hat{q}' \hat{V}^{-1} \begin{pmatrix} (X'\Omega^{-1}X)^{-1} X'\Omega^{-1} diag(\Omega^{-1}X(X'\Omega^{-1}X)^{-1}\hat{V}^{-1}\hat{q}) \\ -(X'QX)^{-1} X'Q diag(QX(X'QX)^{-1}\hat{V}^{-1}\hat{q}) \\ +2(X'\Omega^{-1}X)^{-1} X'\Omega^{-1} \cdot diag(\Omega^{-1}\hat{e}_{GLS}) \end{pmatrix}$$

我们注意到上式中的 $f'$ 是 $NT$ 维行向量，不妨记为 $f' = (f'_1,\ f'_2,\ \cdots,\ f'_N)$，其中，$f'_i = (f_{i1},\ f_{i2},\ \cdots,\ f_{iT})$，那么对式（6-11）进行展开，就得到误差项 $u$ 的方差按截面扰动对 Hausman 检验统计量的广义 Cook 距离：

$$GC(H,\ d) = GIF(H,\ d)'GIF(H,\ d) = (d\otimes \iota_T)'ff'(d\otimes \iota_T)$$

$$= (d_1 \iota'_T,\ \cdots,\ d_N \iota'_T) \begin{pmatrix} f_1 \\ \vdots \\ f_N \end{pmatrix} (f_1',\ \cdots,\ f_N') \begin{pmatrix} d_1 \iota_T \\ \vdots \\ d_N \iota_T \end{pmatrix}$$

$$= (d_1, \cdots, d_N) \begin{pmatrix} \iota'_T f_1 \\ \vdots \\ \iota'_T f_N \end{pmatrix} (f_1' \iota_T, \cdots, f_N' \iota_T) \begin{pmatrix} d_1 \\ \vdots \\ d_N \end{pmatrix}$$

$$\triangleq d'F_1 d \tag{6-12}$$

式（6-12）中 $F_1$ 显然为对称矩阵，所以由引理 5 我们可以知道，使式（6-12）达到最大的扰动方向 $d_{\max}$ 与 $F_1$ 的最大特征值所对应的特征向量成比例。对 $(i, |(d_{\max})_i|)$ $(i=1, 2, \cdots, N)$ 进行列表或作散点图，其中数值显著比其他点大的，就对应于 Hausman 检验统计量的强影响截面数据或异常截面数据。

#### 6.2.1.2 误差项 $u$ 的方差按时间扰动

对误差项 $u$ 的方差按时间扰动时，面板数据随机效应模型的协方差估计并不会改变，但是其方差—协方差矩阵发生了变化，根据式（3-27）可知，协方差估计的方差—协方差矩阵在 $a=0$ 处的一阶偏导数矩阵：

$$\left. \frac{\partial \mathrm{var}(\hat{\beta}_{CV}(\omega))}{\partial a} \right|_{a=0} = \sigma^2 (X'QX)^{-1} X'Q(I_N \otimes D)QX(X'QX)^{-1} \tag{6-13}$$

对误差项 $u$ 的方差按时间扰动时，式（4-36）给出了面板数据随机效应模型广义最小二乘估计在 $a=0$ 处的一阶偏导数矩阵：

$$\left. \frac{\partial \hat{\beta}_{GLS}(\omega)}{\partial a} \right|_{a=0} = -\sigma^2 (X'\Omega^{-1}X)^{-1} X'\Omega^{-1} diag(\Omega^{-1}\hat{e}_{GLS}) \cdot (\iota_N \otimes d) \tag{6-14}$$

式（4-37）给出了面板数据随机效应模型广义最小二乘估计的方差—协方差矩阵在 $a=0$ 处的一阶偏导数：

$$\left. \frac{\partial \mathrm{var}(\hat{\beta}_{GLS}(\omega))}{\partial a} \right|_{a=0} = \sigma^2 (X'\Omega^{-1}X)^{-1} X'\Omega^{-1}(I_N \otimes D)\Omega^{-1}X(X'\Omega^{-1}X)^{-1} \tag{6-15}$$

根据式（6-13）和式（6-15），我们可以得到 $\hat{V}(\omega)^{-1}$ 在 $a=0$ 处的一阶偏导数矩阵：

$$\left. \frac{\partial \hat{V}(\omega)^{-1}}{\partial a} \right|_{a=0} = -\hat{V} \frac{\partial \hat{V}(\omega)}{\partial a} \hat{V} = -\hat{V} \left( \frac{\partial \mathrm{var}(\hat{\beta}_{CV}(\omega))}{\partial a} - \frac{\partial \mathrm{var}(\hat{\beta}_{GLS}(\omega))}{\partial a} \right) \hat{V}$$

$$= -\sigma^2 \hat{V}(X'QX)^{-1} X'Q(I_N \otimes D)QX(X'QX)^{-1}\hat{V} +$$

$$\sigma^2\hat{V}(X'\Omega^{-1}X)^{-1}X'\Omega^{-1}(I_N\otimes D)\Omega^{-1}X(X'\Omega^{-1}X)^{-1}\hat{V}$$

$$(6-16)$$

将式（6-14）和式（6-16）代入式（6-6）中，我们就可以得到误差项方差按时间扰动下面板数据模型 Hausman 检验统计量的广义影响函数：

$$GIF(H,\ d)=\sigma^2\hat{q}'\begin{pmatrix}-\hat{V}^{-1}(X'QX)^{-1}X'Q(I_N\otimes D)QX(X'QX)^{-1}\hat{V}^{-1}\\ +\hat{V}^{-1}(X'\Omega^{-1}X)^{-1}X'\Omega^{-1}(I_N\otimes D)\Omega^{-1}X(X'\Omega^{-1}X)^{-1}\hat{V}^{-1}\end{pmatrix}\hat{q}+$$

$$2\sigma^2\hat{q}'\hat{V}^{-1}(X'\Omega^{-1}X)^{-1}X'\Omega^{-1}diag(\Omega^{-1}\hat{e}_{GLS})\cdot(\iota_N\otimes d)$$

根据附录引理 3 可知，下列等式成立：

$$(I_N\otimes D)QX(X'QX)^{-1}\hat{V}^{-1}\hat{q}=diag(QX(X'QX)^{-1}\hat{V}^{-1}\hat{q})\cdot(\iota_N\otimes d)$$

$$(I_N\otimes D)\Omega^{-1}X(X'\Omega^{-1}X)^{-1}\hat{V}^{-1}\hat{q}=diag(\Omega^{-1}X(X'\Omega^{-1}X)^{-1}\hat{V}^{-1}\hat{q})\cdot(\iota_N\otimes d)$$

利用上述两个等式，可以将误差项方差按时间扰动下的广义影响函数改写为：

$$GIF(H,\ d)=f'(\iota_N\otimes d)\qquad(6-17)$$

其中，$f'=\sigma^2\hat{q}'\hat{V}^{-1}\begin{pmatrix}(X'\Omega^{-1}X)^{-1}X'\Omega^{-1}diag(\Omega^{-1}X(X'\Omega^{-1}X)^{-1}\hat{V}^{-1}\hat{q})\\ -(X'QX)^{-1}X'Qdiag(QX(X'QX)^{-1}\hat{V}^{-1}\hat{q})\\ +2(X'\Omega^{-1}X)^{-1}X'\Omega^{-1}\cdot diag(\Omega^{-1}\hat{e}_{GLS})\end{pmatrix}$。

由于 $f'$ 是 $NT$ 维行向量，不妨记为 $f'=(f'_1,\ f'_2,\ \cdots,\ f'_N)$，其中 $f'_i=(f_{i1},\ f_{i2},\ \cdots,\ f_{iT})$，那么对式（6-17）进行展开，我们就可以得到误差项 $u$ 的方差按时间扰动下 Hausman 检验统计量的广义 Cook 距离：

$$GC(H,\ d)=GIF(H,\ d)'GIF(H,\ d)=(\iota_N\otimes d)'ff'(\iota_N\otimes d)$$

$$=(d',\ \cdots,\ d')\begin{pmatrix}f_1\\ \vdots\\ f_N\end{pmatrix}(f_1',\ \cdots,\ f_N')\begin{pmatrix}d\\ \vdots\\ d\end{pmatrix}$$

$$=(\sum_{i=1}^N d'f_i)\cdot((\sum_{i=1}^N f_i'd))$$

$$=d'F_2d\qquad(6-18)$$

其中，$F_2=(\sum_{i=1}^N f_i)(\sum_{i=1}^N f_i)'$。最后，应用附录引理 5 可知，使式（6-18）达到最大的扰动方向 $d_{max}$ 与 $F_1$ 的最大特征值所对应的特征向量成比例。对 $(t,\ |\ (d_{max})_t|)$ $(t=1,\ 2,\ \cdots,\ T)$ 进行列表或作散点图，其中数值显著比其他点大的，就对应于 Hausman 检验统计量中强影响时间的观测值或

异常时间的观测值。

### 6.2.1.3 个体项 $\alpha$ 方差的扰动

因为面板数据模型协方差估计过程中消除了个体项 $\alpha$，所以对 $\alpha$ 方差的扰动并不会对 $\hat{\beta}_{CV}$ 和 var $(\hat{\beta}_{CV})$ 造成影响。另外，式（4-40）和式（4-41）给出了个体项 $\alpha$ 方差扰动下面板数据随机效应模型广义最小二乘估计及其方差—协方差矩阵在 $a=0$ 处的一阶偏导数矩阵分别为：

$$\left.\frac{\partial \hat{\beta}_{GLS}(\omega)}{\partial a}\right|_{a=0} = -\sigma_\alpha^2 (X'\Omega^{-1}X)^{-1}X'\Omega^{-1} \cdot diag((I_N\otimes J_T)\Omega^{-1}\hat{e}_{GLS}) \cdot (d\otimes\iota_T)$$

$$(6-19)$$

$$\left.\frac{\partial var(\hat{\beta}_{GLS}(\omega))}{\partial a}\right|_{a=0} = \sigma_\alpha^2 (X'\Omega^{-1}X)^{-1}X'\Omega^{-1}(D\otimes J_T)\Omega^{-1}X(X'\Omega^{-1}X)^{-1}$$

$$(6-20)$$

根据式（6-20），我们可以得到 $V(\omega)^{-1}$ 在 $a=0$ 处的一阶偏导数矩阵：

$$\left.\frac{\partial \hat{V}(\omega)^{-1}}{\partial a}\right|_{a=0} = -\hat{V}^{-1}\frac{\partial \hat{V}(\omega)}{\partial a}\hat{V}^{-1} = -\hat{V}^{-1}\left(0-\frac{\partial var(\hat{\beta}_{GLS}(\omega))}{\partial a}\right)\hat{V}^{-1}$$

$$= \sigma_\alpha^2\hat{V}^{-1}(X'\Omega^{-1}X)^{-1}X'\Omega^{-1}(D\otimes J_T)\Omega^{-1}X(X'\Omega^{-1}X)^{-1}\hat{V}^{-1}$$

$$(6-21)$$

将式（6-19）和式（6-21）代入式（6-6）中，就可以得到个体项方差扰动对 Hausman 检验统计量的广义影响函数：

$$GIF(H,d) = \sigma_\alpha^2\hat{q}'\hat{V}^{-1}(X'\Omega^{-1}X)^{-1}X'\Omega^{-1}(D\otimes J_T)\Omega^{-1}X(X'\Omega^{-1}X)^{-1}\hat{V}^{-1}\hat{q}$$

$$+2\sigma_\alpha^2\hat{q}'\hat{V}^{-1}(X'\Omega^{-1}X)^{-1}X'\Omega^{-1} \cdot diag((I_N\otimes J_T)\Omega^{-1}\hat{e}_{GLS}) \cdot (d\otimes\iota_T)$$

由引理 3 可知下面等式成立：

$$(D\otimes J_T)\Omega^{-1}X(X'\Omega^{-1}X)^{-1}\hat{V}^{-1}\hat{q}$$

$$= diag((I_N\otimes J_T)\Omega^{-1}X(X'\Omega^{-1}X)^{-1}\hat{V}^{-1}\hat{q}) \cdot (d\otimes\iota_T)$$

利用上式对个体项方差扰动下的广义影响函数进行改写得到：

$$GIF(H,\ d) = f'(d\otimes\iota_T) \qquad (6-22)$$

其中，$f' = \sigma_\alpha^2\hat{q}'\hat{V}^{-1}(X'\Omega^{-1}X)^{-1}X'\Omega^{-1}\begin{pmatrix}diag((I_N\otimes J_T)\Omega^{-1}X(X'\Omega^{-1}X)^{-1}\hat{V}^{-1}\hat{q})\\ +2\cdot diag((I_N\otimes J_T)\Omega^{-1}\hat{e}_{GLS})\end{pmatrix}$。

利用式（6-22），并注意到 $f'$ 是 $NT$ 维行向量，我们就可以得到个体项方差扰动对 Hausman 检验统计量的广义 Cook 距离：

$$GC(H, d) = GIF(H, d)' GIF(H, d) = (d \otimes \iota_T)' ff'(d \otimes \iota_T) \triangleq d' F_3 d$$

$$(6\text{-}23)$$

其中，$F_3 = (f_1'\iota_T, \cdots, f_N'\iota_T)'(f_1'\iota_T, \cdots, f_N'\iota_T)$。附录引理 5 告诉我们，使式（6-23）中的广义 Cook 距离达到最大的扰动方向 $d_{max}$ 与 $F_3$ 的最大特征值所对应的特征向量成比例。对 $(i, |(d_{max})_i|)$ $(i = 1, 2, \cdots, N)$ 进行列表或作散点图，其中数值显著比其他点大的，就对应于 Hausman 检验统计量的强影响截面或异常截面数据。

### 6.2.1.4 误差项 u 和个体项 α 的方差同时扰动

对于面板数据随机效应模型协方差估计，误差项和个体项的方差同时扰动等价于误差项方差按截面扰动（因为协方差估计的过程中消除了个体效应）。协方差估计不变，其方差—协方差矩阵在 $a = 0$ 处的一阶偏导数由式（3-22）给出，即

$$\left. \frac{\partial \mathrm{var}(\hat{\beta}_{CV}(\omega))}{\partial a} \right|_{a=0} = \sigma^2 (X'QX)^{-1} X'Q(D \otimes I_T)QX(X'QX)^{-1}$$

$$(6\text{-}24)$$

式（4-44）和式（4-45）给出了误差项和个体项的方差同时扰动下面板数据随机效应模型广义最小二乘估计及其方差—协方差矩阵在 $a = 0$ 处的一阶偏导数分别为：

$$\left. \frac{\partial \hat{\beta}_{GLS}(\omega)}{\partial a} \right|_{a=0} = -(X'\Omega^{-1}X)^{-1} X'\Omega^{-1} diag(\hat{e}_{GLS}) \cdot (d \otimes \iota_T) \quad (6\text{-}25)$$

$$\left. \frac{\partial \mathrm{var}(\hat{\beta}_{GLS}(\omega))}{\partial a} \right|_{a=0} = (X'\Omega^{-1}X)^{-1} X'\Omega^{-1}(D \otimes (\sigma_\alpha^2 J_T + \sigma^2 I_T))\Omega^{-1}X(X'\Omega^{-1}X)^{-1}$$

$$(6\text{-}26)$$

根据式（6-24）和式（6-26），我们可以得到 $\hat{V}(\omega)^{-1}$ 在 $a = 0$ 处的一阶偏导数：

$$\left. \frac{\partial \hat{V}(\omega)^{-1}}{\partial a} \right|_{a=0} = -\hat{V}^{-1} \frac{\partial \hat{V}(\omega)}{\partial a} \hat{V}^{-1} = -\hat{V}^{-1} \left( \frac{\partial \mathrm{var}(\hat{\beta}_{CV}(\omega))}{\partial a} - \frac{\partial \mathrm{var}(\hat{\beta}_{GLS}(\omega))}{\partial a} \right) \hat{V}^{-1}$$

$$= \hat{V}^{-1} \begin{pmatrix} -\sigma^2 (X'QX)^{-1} X'Q(D \otimes I_T)QX(X'QX)^{-1} \\ +(X'\Omega^{-1}X)^{-1} X'\Omega^{-1}(D \otimes (\sigma_\alpha^2 J_T + \sigma^2 I_T))\Omega^{-1}X(X'\Omega^{-1}X)^{-1} \end{pmatrix} \hat{V}^{-1}$$

将上式以及式（6-25）代入式（6-6）中，就可以得到误差项和个体项的方差同时扰动下 Hausman 检验统计量的广义影响函数：

$$GIF(H,\ d)=\hat{q}'\hat{V}^{-1}\begin{pmatrix}-\sigma^2(X'QX)^{-1}X'Q(D\otimes I_T)QX(X'QX)^{-1}+\\(X'\Omega^{-1}X)^{-1}X'\Omega^{-1}(D\otimes(\sigma_\alpha^2 J_T+\sigma^2 I_T))\Omega^{-1}X(X'\Omega^{-1}X)^{-1}\end{pmatrix}\hat{V}^{-1}\hat{q}+$$

$$2\hat{q}'\hat{V}^{-1}(X'\Omega^{-1}X)^{-1}X'\Omega^{-1}diag(\hat{e}_{GLS})\cdot(d\otimes\iota_T)$$

附录引理 3 表明下列等式成立：

$$(D\otimes I_T)QX(X'QX)^{-1}\hat{V}^{-1}\hat{q}=diag(QX(X'QX)^{-1}\hat{V}^{-1}\hat{q})\cdot(d\otimes\iota_T),$$

$$(D\otimes(\sigma_\alpha^2 J_T+\sigma^2 I_T))\Omega^{-1}X(X'\Omega^{-1}X)^{-1}\hat{V}^{-1}\hat{q}=diag(X(X'\Omega^{-1}X)^{-1}\hat{V}^{-1}\hat{q})\cdot(d\otimes\iota_T)$$

利用上述两个等式对广义影响函数进行调整得到：

$$GIF(H,\ d)=f'(d\otimes\iota_T) \tag{6-27}$$

其中，$f'=\hat{q}'\hat{V}^{-1}\begin{pmatrix}-\sigma^2(X'QX)^{-1}X'Qdiag(QX(X'QX)^{-1}\hat{V}^{-1}\hat{q})+\\(X'\Omega^{-1}X)^{-1}X'\Omega^{-1}diag(X(X'\Omega^{-1}X)^{-1}\hat{V}^{-1}\hat{q})+\\2(X'\Omega^{-1}X)^{-1}X'\Omega^{-1}diag(\hat{e}_{GLS})\end{pmatrix}$

因为 $f'$ 是 $NT$ 维行向量，将其改写为分块矩阵的形式 $f'=(f'_1,\ f'_2,\ \cdots,\ f'_N)$，其中 $f'_i=(f_{i1},\ f_{i2},\ \cdots,\ f_{iT})$，那么利用式（6-27），我们可得到误差项和个体项的方差同时扰动下 Hausman 检验统计量的广义 Cook 距离：

$$GC(H,\ d)=GIF(H,\ d)'GIF(H,\ d)=(d\otimes\iota_T)'ff'(d\otimes\iota_T)\triangleq d'F_4 d \tag{6-28}$$

其中，$F_4=(f_1'\iota_T,\ \cdots,\ f_N'\iota_T)'(f_1'\iota_T,\ \cdots,\ f_N'\iota_T)$。附录引理 5 告诉我们，使式（6-28）中达到最大的扰动方向 $d_{max}$ 与 $F_4$ 的最大特征值所对应的特征向量成比例。对 $(i,\ |\ (d_{max})_i\ |)$（$i=1,\ 2,\ \cdots,\ N$）进行列表或作散点图，其中数值显著比其他点大的，就对应于 Hausman 检验统计量的强影响截面数据或异常截面数据。

## 6.2.2　自变量扰动下的统计诊断

根据面板数据的二维性质，自变量扰动模型可以从自变量按截面扰动和自变量按时间扰动两个角度分别考虑。下面我们将利用协方差估计和广义最小二乘估计在自变量扰动下的相关统计诊断研究结论，对自变量扰动模型下 Hausman 检验统计量的统计诊断问题展开研究。

### 6.2.2.1　自变量按截面扰动

在自变量按截面扰动情况下，式（3-37）和式（3-38）给出了面板数据随机效应模型协方差估计及其方差—协方差矩阵的变化情况，即

$$\hat{\beta}_{CV}(\omega) = \hat{\beta}_{CV} + a(X'QX)^{-1}p_i(d\otimes\iota_T)'Qy - C_2X'Qy + o(a^2) \qquad (6\text{-}29)$$

$$\mathrm{var}(\hat{\beta}_{CV}(\omega)) = \sigma^2((X'QX)^{-1} - C_2) = \mathrm{var}(\hat{\beta}_{CV}) - \sigma^2C_2 \qquad (6\text{-}30)$$

在自变量按截面扰动情况下，面板数据随机效应模型广义最小二乘估计及其方差—协方差矩阵的变化情况由式（4-56）和式（4-57）给出，即

$$\hat{\beta}_{GLS}(\omega) = \hat{\beta}_{GLS} + a(X'\Omega^{-1}X)^{-1}p_i(d\otimes\iota_T)'\Omega^{-1}y - C_9X'\Omega^{-1}y + o(a^2)$$

$$(6\text{-}31)$$

$$\mathrm{var}(\hat{\beta}_{GLS}(\omega)) = (X'\Omega^{-1}X)^{-1} - C_9 = \mathrm{var}(\hat{\beta}_{GLS}) - C_9 \qquad (6\text{-}32)$$

根据式（6-29）至式（6-32）易知：

$$\hat{q}(\omega) = \hat{q} + A_1 + o(a^2) \qquad (6\text{-}33)$$

$$V(\omega) = \hat{V} - \sigma^2C_2 + C_9 \qquad (6\text{-}34)$$

其中，$A_1 = a(X'QX)^{-1}p_i(d\otimes\iota_T)'Qy - C_2X'Qy - a(X'\Omega^{-1}X)^{-1}p_i(d\otimes\iota_T)'\Omega^{-1}y + C_9X'\Omega^{-1}y$。

应用附录引理 1 中的和式求逆公式，得到式（6-34）的逆矩阵：

$$\hat{V}(\omega)^{-1} = \hat{V}^{-1} - A_2 \qquad (6\text{-}35)$$

其中，$A_2 = \hat{V}^{-1}(C_9 - \sigma^2C_2)(I + \hat{V}^{-1}(C_9 - \sigma^2C_2))^{-1}V^{-1}$。

利用式（3-39）和式（4-58）中的结果得到，当 $a=0$ 时，$A_1 = A_2 = 0$，并且

$$\lim_{a\to 0}\frac{A_1}{a} = (X'QX)^{-1}p_i(d\otimes\iota_T)'Qy - (X'\Omega^{-1}X)^{-1}p_i(d\otimes\iota_T)'\Omega^{-1}y -$$

$$(X'QX)^{-1}(X'Q(d\otimes\iota_T)p_i' + p_i(d\otimes\iota_T)'QX)\hat{\beta}_{CV} +$$

$$(X'\Omega^{-1}X)^{-1}(X'\Omega^{-1}(d\otimes\iota_T)p_i' + p_i(d\otimes\iota_T)'\Omega^{-1}X)\hat{\beta}_{GLS}$$

$$= \left\{\begin{array}{l} (X'QX)^{-1}p_i(Qy)' - (X'\Omega^{-1}X)^{-1}p_i(\Omega^{-1}y)' \\ -(X'QX)^{-1}(X'Q(p_i'\hat{\beta}_{CV}) + p_i(QX\hat{\beta}_{CV})') \\ +(X'\Omega^{-1}X)^{-1}(X'\Omega^{-1}(p_i'\hat{\beta}_{GLS}) + p_i(\Omega^{-1}X\hat{\beta}_{GLS})') \end{array}\right\}(d\otimes\iota_T)$$

$$\triangleq B_1(d\otimes\iota_T)$$

$$\lim_{a\to 0}\frac{A_2\hat{q}}{a} = \hat{V}^{-1}\left(\begin{array}{l}(X'\Omega^{-1}X)^{-1}(X'\Omega^{-1}(d\otimes\iota_T)p_i' + p_i(d\otimes\iota_T)'\Omega^{-1}X)(X'\Omega^{-1}X)^{-1} \\ -\sigma^2(X'QX)^{-1}(X'Q(d\otimes\iota_T)p_i' + p_i(d\otimes\iota_T)'QX)(X'QX)^{-1}\end{array}\right)\hat{V}^{-1}\hat{q}$$

$$= \hat{V}^{-1}\left(\begin{array}{l}(X'\Omega^{-1}X)^{-1}X'\Omega^{-1}(p_i'(X'\Omega^{-1}X)^{-1}\hat{V}^{-1}\hat{q}) \\ +(X'\Omega^{-1}X)^{-1}p_i(\Omega^{-1}X(X'\Omega^{-1}X)^{-1}\hat{V}^{-1}\hat{q})' \\ -\sigma^2(X'QX)^{-1}X'Q(p_i'(X'QX)^{-1}\hat{V}^{-1}\hat{q}) \\ -\sigma^2(X'QX)^{-1}p_i(QX(X'QX)^{-1}\hat{V}^{-1}\hat{q})'\end{array}\right)(d\otimes\iota_T)$$

$\triangle B_2(d\otimes\iota_T)$

根据上述两个等式以及式（6-33）和式（6-35），我们就可以得到自变量按截面扰动情况下 Hausman 检验统计量的广义影响函数：

$$
\begin{aligned}
GIF(H,\ d) &= \lim_{a\to0}\frac{H(\omega)-H}{a} = \lim_{a\to0}\frac{(\hat{q}+A_1)'(\hat{V}^{-1}-A_2)(\hat{q}+A_1)-H}{a}\\
&= \lim_{a\to0}\frac{\hat{q}'\hat{V}^{-1}A_1-\hat{q}'A_2(\hat{q}+A_1)+A_1'(\hat{V}^{-1}-A_2)(\hat{q}+A_1)}{a}\\
&= \hat{q}'(2\hat{V}^{-1}B_1-B_2)(d\otimes\iota_T)\\
&\triangle f'(d\otimes\iota_T)
\end{aligned}
$$

（6-36）

式（6-36）中的 $f'$ 也是 $NT$ 维行向量，所以对式（6-36）展开，可以得到自变量按截面扰动下面板数据模型 Hausman 检验统计量的广义 Cook 距离：

$$
GC(H,\ d) = GIF(H,\ d)'GIF(H,\ d) = (d\otimes\iota_T)'ff'(d\otimes\iota_T)\triangle d'F_5 d
$$

（6-37）

其中，$F_5=(f_1'\iota_T,\ \cdots,\ f_N'\iota_T)'(f_1'\iota_T,\ \cdots,\ f_N'\iota_T)$。应用附录引理5，就可以得到式（6-37）的最大扰动方向 $d_{\max}$。对 $(i,\ |(d_{\max})_i|)$ （$i=1$, $2$, $\cdots$, $N$）进行列表或作散点图，其中数值显著比其他点大的，就对应于 Hausman 检验统计量的强影响截面数据或异常截面数据。

### 6.2.2.2　自变量按时间扰动

在自变量按时间扰动情况下，面板数据随机效应模型的协方差估计及其方差—协方差的变化情况由式（3-46）和式（3-47）分别给出，即

$$
\hat{\beta}_{CV}(\omega) = \hat{\beta}_{CV}+a(X'QX)^{-1}p_i(\iota_N\otimes d)'Qy-C_5X'Qy+o(a^2) \quad (6-38)
$$

$$
\mathrm{var}(\hat{\beta}_{CV}(\omega)) = \sigma^2((X'QX)^{-1}-C_5) = \mathrm{var}(\hat{\beta}_{CV})-\sigma^2 C_5 \quad (6-39)
$$

在自变量按时间扰动情况下，面板数据随机效应模型的广义最小二乘估计及其方差—协方差的变化情况由式（4-65）和式（4-66）分别给出，即

$$
\hat{\beta}_{GLS}(\omega) = \hat{\beta}_{GLS}+a(X'\Omega^{-1}X)^{-1}p_i(\iota_N\otimes d)'\Omega^{-1}y-C_{12}X'\Omega^{-1}y+o(a^2)
$$

（6-40）

$$
\mathrm{var}(\hat{\beta}_{GLS}(\omega)) = (X'\Omega^{-1}X)^{-1}-C_{12} = \mathrm{var}(\hat{\beta}_{GLS})-C_{12} \quad (6-41)
$$

根据式（6-39）至式（6-41）易知：

$$
\hat{q}(\omega) = \hat{q}+A_3+o(a^2) \quad (6-42)
$$

$$
\hat{V}(\omega) = \hat{V}-\sigma^2 C_5+C_{12} \quad (6-43)
$$

其中，$A_3 = a(X'QX)^{-1}p_i(\iota_N \otimes d)'Qy - C_5 X'Qy - a(X'\Omega^{-1}X)^{-1}p_i(\iota_N \otimes d)'$ $\Omega^{-1}y + C_{12}X'\Omega^{-1}y$。

利用附录引理 1 中和式求逆公式，得到式（6-43）的逆矩阵：

$$\hat{V}(\omega)^{-1} = \hat{V}^{-1} - A_4 \qquad (6-44)$$

其中，$A_4 = \hat{V}^{-1}(C_{12} - \sigma^2 C_5)(I + \hat{V}^{-1}(C_{12} - \sigma^2 C_5))^{-1}\hat{V}^{-1}$。应用式（3-48）和式（4-67）的结论可知，当 $a = 0$ 时，$A_3 = A_4 = 0$，并且 $\lim\limits_{a \to 0}\dfrac{A_3}{a} = B_1(\iota_N \otimes d)$，$\lim\limits_{a \to 0}\dfrac{A_4\hat{q}}{a} = B_2(\iota_N \otimes d)$。

其中，$B_1$ 和 $B_2$ 与前面的定义相同。

根据上述两个等式以及式（6-42）和式（6-44），我们就得到了自变量按时间扰动情况下面板数据模型 Hausman 检验统计量的广义影响函数：

$$GIF(H, d) = \lim\limits_{a \to 0}\frac{H(\omega) - H}{a} = \hat{q}'(2\hat{V}^{-1}B_1 - B_2)(\iota_N \otimes d) \triangleq f'(\iota_N \otimes d)$$

$$(6-45)$$

其中，$f' = \hat{q}'(2\hat{V}^{-1}B_1 - B_2)$。那么，自变量按时间扰动下面板数据模型 Hausman 检验统计量的广义 Cook 距离：

$$GC(H, d) = GIF(H, d)'GIF(H, d) = (\iota_N \otimes d)'ff'(\iota_N \otimes d) \triangleq d'F_6 d$$

$$(6-46)$$

其中，$F_6 = (\sum\limits_{i=1}^{N} f_i)(\sum\limits_{i=1}^{N} f_i)'$。最后，应用附录引理 5，就可以得到使式（6-46）达到最大的扰动方向 $d_{max}$。对 $(t, |(d_{max})_t|)$ $(t = 1, 2, \cdots, T)$ 进行列表或作散点图，其中数值显著比其他点大的，就对应于 Hausman 检验统计量中强影响时间的观测值或异常时间的观测值。

### 6.2.3 因变量扰动下的统计诊断

对面板数据随机效应模型的因变量进行扰动，会改变模型协方差估计和广义最小二乘估计，但并不影响它们的方差—协方差矩阵。第 3.2.3 节和第 4.2.3 节分别从截面扰动和时间扰动两个维度，对因变量扰动情况下面板数据模型协方差估计和广义最小二乘估计的变化情况进行了讨论。根据这些研究结果，我们可以得到在因变量扰动情况下，面板数据模型 Hausman 检验统计量的变化情况。下面我们将从因变量按截面扰动和因变量按时间扰动两个角度分别展开研究。

### 6.2.3.1 因变量按截面扰动

在因变量按截面扰动的情况下，面板数据随机效应模型协方差估计的变化情况由式（3-55）给出，即

$$\hat{\beta}_{CV}(\omega)=\hat{\beta}_{CV}+a(X'QX)^{-1}X'Q(d\otimes\iota_T) \tag{6-47}$$

面板数据随机效应模型广义最小二乘估计的变化情况由式（4-76）给出，即

$$\hat{\beta}_{GLS}(\omega)=\hat{\beta}_{GLS}+a(X'\Omega^{-1}X)^{-1}X'\Omega^{-1}(d\otimes\iota_T) \tag{6-48}$$

根据式（6-47）和式（6-48）易知：

$$\hat{q}(\omega)=\hat{q}+a((X'QX)^{-1}X'Q-(X'\Omega^{-1}X)^{-1}X'\Omega^{-1})(d\otimes\iota_T) \tag{6-49}$$

应用式（6-49），可得到因变量按截面扰动下 Hausman 检验统计量的广义影响函数和广义 Cook 距离分别为：

$$GIF(H,\ d)=\lim_{a\to0}\frac{H(\omega)-H}{a}$$
$$=2\hat{q}'\hat{V}^{-1}((X'QX)^{-1}X'Q-(X'\Omega^{-1}X)^{-1}X'\Omega^{-1})(d\otimes\iota_T)$$
$$\triangleq f'(d\otimes\iota_T) \tag{6-50}$$

$$GC(H,\ d)=GIF(H,\ d)'GIF(H,\ d)=(d\otimes\iota_T)'ff'(d\otimes\iota_T)\triangleq d'F_7d \tag{6-51}$$

其中，$F_7=(f_1'\iota_T,\ \cdots,\ f_N'\iota_T)'(f_1'\iota_T,\ \cdots,\ f_N'\iota_T)$。应用附录引理 5，就可以得到式（6-51）的最大扰动方向 $d_{max}$。对 $(i,\ |(d_{max})_i|)$ $(i=1,\ 2,\ \cdots,\ N)$ 进行列表或作散点图，其中数值显著比其他点大的，就对应于 Hausman 检验统计量的强影响截面数据或异常截面数据。

### 6.2.3.2 因变量按时间扰动

在因变量按时间扰动情况下，面板数据随机效应模型协方差估计的改变由式（3-59）给出，即

$$\hat{\beta}_{CV}(\omega)=\hat{\beta}_{CV}+a(X'QX)^{-1}X'Q(\iota_N\otimes d) \tag{6-52}$$

面板数据随机效应模型广义最小二乘估计的改变由式（4-80）给出，即

$$\hat{\beta}_{GLS}(\omega)=\hat{\beta}_{GLS}+a(X'\Omega^{-1}X)^{-1}X'\Omega^{-1}(\iota_N\otimes d) \tag{6-53}$$

根据式（6-52）和式（6-53）得到 $\hat{q}(\omega)$ 在因变量按时间扰动前后的变化情况为：

$$\hat{q}(\omega) = \hat{q} + a\big((X'QX)^{-1}X'Q - (X'\Omega^{-1}X)^{-1}X'\Omega^{-1}\big)(\iota_N \otimes d) \qquad (6\text{-}54)$$

应用式（6-54），可以导出因变量按时间扰动下面板数据 Hausman 检验统计量 $H$ 的广义影响函数和广义 Cook 距离分别为：

$$
\begin{aligned}
GIF(H, d) &= \lim_{a \to 0} \frac{H(\omega) - H}{a} \\
&= 2\hat{q}'V^{-1}\big((X'QX)^{-1}X'Q - (X'\Omega^{-1}X)^{-1}X'\Omega^{-1}\big)(\iota_N \otimes d) \\
&\triangleq f'(\iota_N \otimes d) \qquad\qquad\qquad\qquad\qquad\qquad\qquad (6\text{-}55)
\end{aligned}
$$

$$GC(H, d) = GIF(H, d)'GIF(H, d) = (\iota_N \otimes d)'ff'(\iota_N \otimes d) \triangleq d'F_8 d \qquad (6\text{-}56)$$

其中，$F_8 = \left(\sum_{i=1}^{N} f_i\right)\left(\sum_{i=1}^{N} f_i\right)'$。最后，应用附录引理 5，就可以得到式（6-56）的最大扰动方向 $d_{\max}$。对 $(t, |(d_{\max})_t|)$（$t = 1, 2, \cdots, T$）进行列表或作散点图，其中数值显著比其他点大的，就对应于 Hausman 检验统计量中强影响时间的观测值或异常时间的观测值。

# 第❼章
## 实际数据应用和解释

本书第 3 章至第 6 章分别针对面板数据固定效应模型的协方差估计、随机效应模型的广义最小二乘估计和极大似然估计以及面板数据模型选择的 Hausman 检验统计量，展开统计诊断研究，得到相应的诊断统计量。为了检验这些诊断统计量的合理性和有效性，本章采用中国货币政策和财政政策的产出效应数据（以下简称 CNMF 数据），建立面板数据模型，应用前面提出的诊断统计量，识别异常的截面数据和时间数据，并尝试分析异常数据出现的原因。

本章内容安排如下：第 7.1 节对本章所采用的数据和建立的模型进行说明；第 7.2 节使用原始面板数据建立固定效应模型，应用第 3 章和第 6 章提出的诊断统计量，从模型协方差估计和 Hausman 检验统计量的角度，识别数据中的异常截面观测和异常时间观测；第 7.3 节使用剔除了异常截面的面板数据建立随机效应模型，应用第 3 章至第 6 章提出的诊断统计量，从模型协方差估计、广义最小二乘估计、极大似然估计以及 Hausman 检验统计量的角度，识别数据中的异常截面观测和异常时间观测；第 7.4 节总结固定效应和随机效应模型框架下的数值实例结论，阐释异常点识别在建模中的重要性，并分析异常数据出现的内在原因。

## 7.1 数据和模型介绍

货币政策和财政政策作为两种最重要的宏观经济调控手段，它们对实际经济产出的总量效应已经得到绝大多数学者的肯定，至少在短期内，大家一致认可合适的货币政策和财政政策能够促进实际经济产出的增长。一般来说，货币政策直接影响短期利率，从而实现对实体经济的传导。财政政策对实际经济产生影响是通过政府支出以及税收政策的调整。根据国民收入恒等式，政府支出会直接影响实际产出；税收则通过影响居民收入对消费产生作用，进而影响到实际产出。那么，为了维持经济的平稳运行，政府应该如何在货币政策和财政政策之间进行权衡？是应该采取货币政策，还是应该采取财政政策？或者两者同时采取时，应更侧重于哪个？哪个政策对产出的影响更大？

本章参照郭晔（2011）的变量选取方法，即以第一产业部门（包括种植业、林业、牧业、渔业）的增加值为被解释变量，以"财政支出""金融机构贷款余额""居民消费物价指数"为解释变量，其中，"财政支出"反映财政政策的状况，"金融机构贷款余额"反映货币政策的状况，"居民消费物价指数"反映通货膨胀的状况。除了居民消费物价指数，其他变量均取对数。另外，为简化处理，各个变量都减去其整体均值。本章选取1990~2008年全国30个省（市、自治区）的面板数据作为样本，重庆市由于存在很多缺失数据，故不纳入样本范围。数据来源于中经网数据库、《新中国六十年统计资料汇编》。

按照上述变量设置，建立如下面板数据模型：

$$\ln y_{it} = \beta_0 + \beta_1 \ln fs_{it} + \beta_2 \ln cd_{it} + \beta_3 cpi_{it} + \alpha_i + u_{it}$$
$$(i=1,\ 2,\ \cdots,\ 30;\ t=1,\ 2,\ \cdots,\ 19) \qquad (7-1)$$

其中，$y$ 为第一产业增加值，$cd$ 为金融机构贷款余额，$fs$ 为地方财政决算支出，$cpi$ 为居民消费物价指数的增长率，$\alpha_i$ 为不可观测的个体的特殊效应，$u_{it}$ 为剩余误差项。

对 CNMF 数据进行 Hausman 检验，计算得到检验统计量为 17.855，相应的 $p$ 值为 0.00045。所以在 1% 的显著性水平上，拒绝随机效应的原假设，应使用固定效应模型对式（7-1）进行参数估计。这与郭晔（2011）的相关结论是一致的。

在前面的理论推导中，我们假设模型误差项方差 $\sigma^2$ 和个体项方差 $\sigma_\alpha^2$ 都是已知的，根据式（2-29）和式（2-30），它们的一致估计量分别为 $\hat{\sigma}^2 = 0.0345$，$\hat{\sigma}_\alpha^2 = 0.5131$，在下面的数值实例部分，我们将采用上述一致估计量替代 $\sigma^2$ 和 $\sigma_\alpha^2$。

## 7.2　面板数据固定效应模型下的统计诊断

对于 CNMF 数据，模型（7-1）为固定效应模型。此时，协方差估计量是无偏的、一致的、有效的，而广义最小二乘估计量却并不具有这些优良的性质。下面我们将采用基于数据删除模型的诊断方法和基于广义影响函数的诊断方法，考察 CNMF 数据中是否存在某个省的数据或者某一年的数据，对协方差估计和 Hausman 检验统计量具有强影响。

### 7.2.1　协方差估计的统计诊断

本书第 3 章从理论上研究了协方差估计的统计诊断问题。下面我们根据第 3 章的理论成果，分别采用基于数据删除模型的诊断方法和基于广义影响函数的诊断方法，探测 CNMF 数据中可能对面板数据固定效应协方差估计具有强影响的截面数据和时间数据。

#### 7.2.1.1　基于数据删除模型的统计诊断

数据删除模型可以分别从两个维度进行，即截面数据删除和时间数据删除。针对 CNMF 数据，所谓截面数据删除，也就是考察删除一个省份的所有观测前后，模型（7-1）的协方差估计会发生怎样的改变。如果各个省份的观测在协方差估计中的影响程度大致相当，那么删除其中一个省份的所有观测，不应该对协方差估计造成太大影响。相反，如果删除某省份的所有观测后，协方差估计发生了很大的改变，那就说明该省份的观测可能是协方差估计的强影响观测或异常观测。所谓时间数据删除，也就是考察删除一年的所有观测前后，模型（7-1）的协方差估计又会发生怎样的改变。如果某一年的所有观测删除前后，协方差估计发生了很大的改变，则说明该年的观测可能为强影响观测或异常观测。根据式（3-10）和式（3-19）的诊断统计量，我们得到 CNMF 数据协方差估计在数据删除模型下的异常点识别情况如图 7-1 所示。

从图 7-1 可以看出，在截面维度上，截面 1（北京）对 CNMF 数据的协方差估计具有强影响；在时间维度上，1990 年的观测对 CNMF 数据的协方差估计具有强影响。

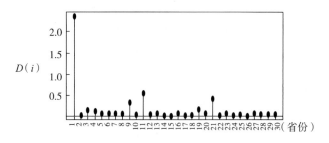

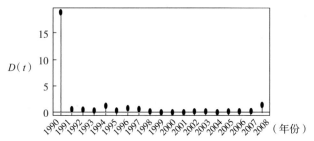

**图 7-1　固定效应模型下协方差估计基于数据删除的诊断结果**

注：上图为截面数据删除下的结果，下图为时间数据删除下的结果，下同。

### 7.2.1.2　基于广义影响函数的统计诊断

第 3.2 节采用基于广义影响函数的方法，在方差扰动、自变量扰动、因变量扰动三种扰动方式下，研究协方差估计的统计诊断问题。在方差扰动模型下，协方差估计量不受影响。式（3-41）和式（3-50）给出了协方差估计在自变量扰动下识别异常截面数据和异常时间数据的诊断统计量。式（3-57）和式（3-61）给出了协方差估计在因变量扰动下异常截面数据和异常时间数据诊断的统计量。根据这些诊断统计量，我们采用 CNMF 数据得到自变量扰动和因变量扰动下的最大扰动方向如图 7-2 和图 7-3 所示。

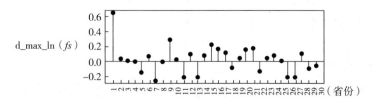

**图 7-2　固定效应模型协方差估计在自变量扰动下的最大扰动方向**

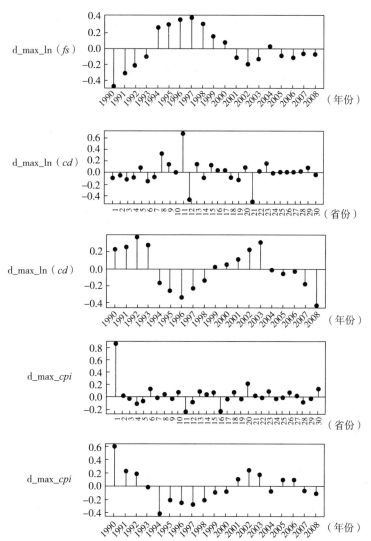

**图 7-2　固定效应模型协方差估计在自变量扰动下的最大扰动方向（续）**

注：省份图为按截面扰动下的结果，年份图为按时间扰动下的结果，下同。

从图 7-2 省份图可以看出，在自变量 ln($fs$) 和 $cpi$ 按截面扰动下，协方差估计受截面 1（北京）影响显著；在自变量 ln（$cd$）按截面扰动下，协方差估计受截面 11（浙江）影响显著。从图 7-2 年份图可以看出，在自变量 ln($fs$) 和 $cpi$ 按时间扰动下，协方差估计受 1990 年的观测影响显著；在自变量 ln($cd$) 按时间扰动下，协方差估计受 2008 年的观测影响显著。

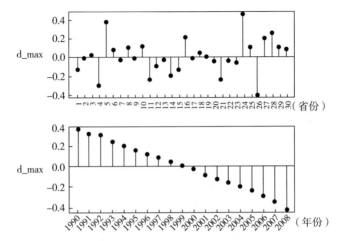

**图7-3　固定效应模型协方差估计在因变量扰动下的最大扰动方向**

根据图7-3我们发现，在因变量扰动模型下，各截面观测和各年观测对 CNMF 数据协方差估计量的影响大致相当。

## 7.2.2　Hausman 检验统计量的统计诊断

第6章采用基于数据删除模型的统计诊断方法和基于广义影响函数的统计诊断方法，构建了不同情况下识别 Hausman 检验统计量中异常数据的诊断统计量。下面将利用这些统计量，识别 CNMF 数据中对 Hausman 检验具有强影响的数据。

### 7.2.2.1　基于数据删除模型的统计诊断

应用式（6-2）和式（6-4），我们就可以得到 CNMF 数据中可能存在的对 Hausman 检验具有强影响的截面数据和时间数据。

图7-4表明，对于 CNMF 数据，在截面维度上，截面12（安徽）的数据对 Hausman 检验统计量的取值具有显著的影响；在时间维度上，1990年的观测对 Hausman 检验统计量的取值影响显著，此外，2007年和2008年的观测也具有较显著的影响。

对于 Hausman 检验，尤其当 Hausman 检验统计量取值很大或很小的时候，相对于检验统计量取值本身，我们更关心检验统计量与临界值的大小关系，即检验结论。表7-1给出了截面数据删除后的 Hausman 检验统计量取值及相应 $p$ 值，从中我们发现，虽然北京市和安徽省的数据对 Hausman

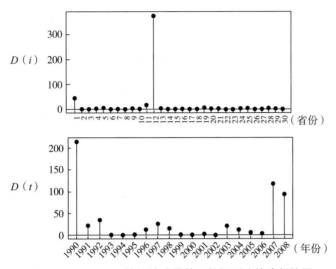

图7-4 Hausman 检验统计量基于数据删除的诊断结果

检验统计量都具有很强的影响，但两者作用的方向却不同。剔除截面北京
市后，CNMF 数据的固定效应更显著；剔除截面安徽省后，CNMF 数据的
固定效应极大地削弱，以致模型应设定为随机效应。换言之，截面北京市加
强了 CNMF 数据的固定效应，而截面安徽省则加强了 CNMF 数据的随机效
应。与截面安徽省相比，截面北京市虽然对 Hausman 检验具有较强的影响，
但并不会改变 Hausman 检验的结论，模型仍设定为固定效应。但是截面安徽
省却左右着 CNMF 数据 Hausman 检验的结论，删除安徽省后的面板数据模型
应设定为随机效应。从这个角度来说，截面安徽省更"异常"。

表7-1 基于截面数据删除的 Hausman 检验统计量及其 $p$ 值

| 省份 | $H(i)$ | $p(i)$ | 省份 | $H(i)$ | $p(i)$ |
|---|---|---|---|---|---|
| 北京 | 35.58278 | 0.00000 | 河南 | 18.20445 | 0.00040 |
| 天津 | 16.29114 | 0.00099 | 湖北 | 17.60137 | 0.00053 |
| 河北 | 17.00789 | 0.00070 | 湖南 | 17.18298 | 0.00065 |
| 山西 | 15.14965 | 0.00169 | 广东 | 20.67890 | 0.00012 |
| 内蒙古 | 15.71407 | 0.00130 | 广西 | 16.09460 | 0.00108 |
| 辽宁 | 17.85369 | 0.00047 | 海南 | 21.81754 | 0.00007 |
| 吉林 | 16.75661 | 0.00079 | 四川 | 18.14417 | 0.00041 |
| 黑龙江 | 17.89480 | 0.00046 | 贵州 | 16.26907 | 0.00100 |

续表

| 省份 | $H(i)$ | $p(i)$ | 省份 | $H(i)$ | $p(i)$ |
|------|--------|--------|------|--------|--------|
| 上海 | 23.47273 | 0.00003 | 云南 | 15.42612 | 0.00149 |
| 江苏 | 17.89389 | 0.00046 | 西藏 | 20.70237 | 0.00012 |
| 浙江 | 22.57550 | 0.00005 | 陕西 | 16.80853 | 0.00077 |
| 安徽 | 1.03742 | 0.79220 | 甘肃 | 16.12469 | 0.00107 |
| 福建 | 15.46590 | 0.00146 | 青海 | 15.48051 | 0.00145 |
| 江西 | 16.82933 | 0.00077 | 宁夏 | 15.52915 | 0.00142 |
| 山东 | 18.07934 | 0.00042 | 新疆 | 17.23660 | 0.00063 |

表 7-2 给出了各年份的观测删除前后，Hausman 检验统计量的取值及其 $p$ 值。我们可以看出，1990 年的观测强化了 CNMF 数据的固定效应，2007 年和 2008 年的观测则是弱化了 CNMF 数据的固定效应。所以，当剔除 1990 年的所有观测后，面板数据模型应设定为随机效应；当剔除 2007 年和 2008 年的观测后，面板数据模型的固定效应更显著。1990 年的观测直接影响着 Hausman 检验的结论，因此其异常性更强。

**表 7-2  基于时间数据删除 Hausman 检验统计量及其 $p$ 值**

| 年份 | $H(t)$ | $p(t)$ | 年份 | $H(t)$ | $p(t)$ | 年份 | $H(t)$ | $p(t)$ |
|------|--------|--------|------|--------|--------|------|--------|--------|
| 1990 | 3.2272 | 0.3579 | 1997 | 12.8674 | 0.0049 | 2004 | 21.3765 | 0.0001 |
| 1991 | 13.2117 | 0.0042 | 1998 | 14.0129 | 0.0029 | 2005 | 20.0325 | 0.0002 |
| 1992 | 23.8720 | 0.0000 | 1999 | 16.2622 | 0.0010 | 2006 | 19.8341 | 0.0002 |
| 1993 | 17.9713 | 0.0005 | 2000 | 17.7489 | 0.0005 | 2007 | 28.7376 | 0.0000 |
| 1994 | 18.7299 | 0.0003 | 2001 | 19.3969 | 0.0002 | 2008 | 27.6011 | 0.0000 |
| 1995 | 16.2933 | 0.0010 | 2002 | 18.4038 | 0.0004 | | | |
| 1996 | 14.3725 | 0.0024 | 2003 | 22.3775 | 0.0001 | | | |

### 7.2.2.2  基于广义影响函数的统计诊断

第 6.2 节给出了在方差扰动、自变量扰动、因变量扰动情况下，识别 Hausman 检验统计量中异常截面数据和异常时间数据的诊断统计量。应用这些统计量，从 Hausman 检验统计量的角度，对 CNMF 数据中可能存在的异常数据进行识别。根据式（6-12）、式（6-18）、式（6-23）、式（6-28），我们得到 Hausman 检验统计量在方差扰动下的最大扰动方向如图 7-5 所示；根据式（6-37）、式（6-46），我们得到 Hausman 检验统计量在自变量扰动下的最大扰动方向如图 7-6 所示；根据式（6-51）、式（6-56），我们得到 Hausman 检验统计量在因变量扰动下的最大扰动方向如图 7-7 所示。

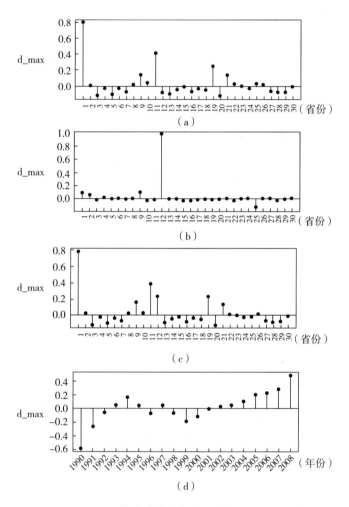

**图7-5 Hausman 检验统计量在方差扰动下的最大扰动方向**

注：图（a）为误差项方差按截面扰动；图（b）为个体项方差扰动；图（c）为误差项和个体项方差同时扰动；图（d）为误差项方差按时间扰动。

从图 7-5 中我们可以发现，截面 1（北京市）的观测在个体项方差扰动中并不是异常数据，但是当误差项方差扰动时，截面 1 的观测就表现出异常性。截面 12（安徽省）则恰好相反，只有在个体项方差扰动下，截面

12 的观测才是异常值。所以我们推测，北京市之所以具有强影响，或许是由于某些偶然因素，相比之下，安徽省则可能是因为不可观测的个体特殊效应而成为异常截面。另外，在时间维度上，1990 年的数据表现出较强的影响。

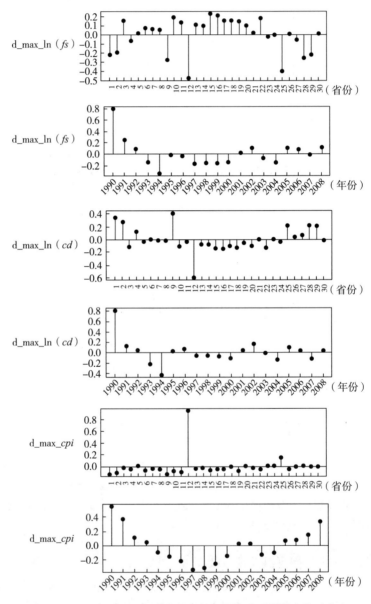

图 7-6　Hausman 检验统计量在自变量扰动下的最大扰动方向

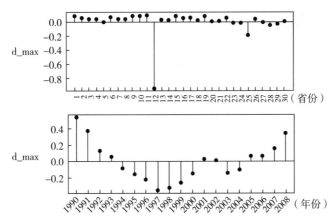

图7-7 Hausman 检验统计量在因变量扰动下的最大扰动方向

图7-6 显示，从 Hausman 检验统计量的角度，对三个自变量分别按截面引入扰动时，截面12（安徽省）的观测都是具有显著的影响；对三个自变量分别按时间引入扰动时，1990 年的数据都表现出强影响。图7-7 也有类似的结论，即在截面维度上，安徽省的观测对 Hausman 检验统计量具有强影响；在时间维度上，1990 年的观测对 Hausman 检验统计量具有强影响。

## 7.3　面板数据随机效应模型下的统计诊断

根据第 7.2 节的分析，我们发现安徽省可能是异常截面，删除安徽省后的面板数据模型应设定为随机效应。那么我们不妨对剔除了安徽省的 CNMF 数据（以下简称 CNMF_D）继续展开统计诊断研究，在随机效应模型框架下，验证本书所提诊断统计量的有效性。

在面板数据随机效应模型下，模型参数估计适用于协方差估计、广义最小二乘估计、极大似然估计。不过要注意的是，协方差估计此时并不具有有效性。下面我们将应用第 3 章至第 6 章的理论成果，识别 CNMF_D 数据中可能对模型参数估计和 Hausman 检验统计量具有强影响的观测。

### 7.3.1　协方差估计的统计诊断

第 3 章分别利用基于数据删除模型的诊断方法和基于广义影响函数

的诊断方法,对协方差估计统计诊断问题展开研究。下面我们根据第 3 章的理论成果,探测 CNMF_D 数据中对协方差估计具有强影响的数据。

### 7.3.1.1  基于数据删除模型的统计诊断

式(3-10)和式(3-19)分别给出诊断统计量,用于识别协方差估计在截面数据删除和时间数据删除下的异常点。针对 CNMF_D 数据,应用这两个统计量,我们得到如图 7-8 所示的广义 Cook 距离。

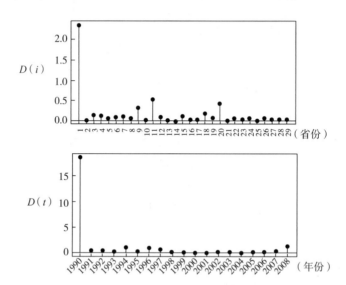

**图 7-8  随机效应模型下协方差估计在数据删除模型下的诊断结果**

由图 7-8 可知,对于 CNMF_D 数据的协方差估计,从截面维度来看,截面 1(北京市)的观测具有显著影响;从时间维度来看,1990 年的观测具有显著的影响。这与固定效应模型下对 CNMF 数据的诊断结果是一致的。

### 7.3.1.2  基于广义影响函数的统计诊断

在方差扰动下,协方差估计不受影响。在自变量扰动下,式(3-41)和式(3-50)分别给出了自变量按截面扰动和按时间扰动情况下,协方差估计中异常点的诊断统计量。根据这两个统计量,我们得到各个自变量扰动下的最大扰动方向如图 7-9 所示。在因变量扰动下,式(3-57)和式(3-61)分别给出因变量按截面扰动和按时间扰动下,协方差估计中异常点的诊断统计量。根据这两个统计量,我们得到因变量扰动下的最大扰动方向如图 7-10 所示。

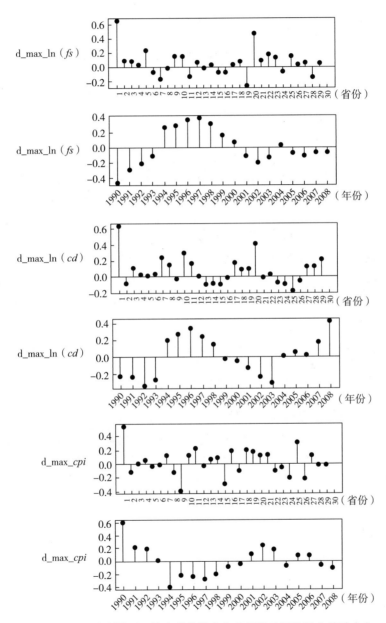

图 7-9　随机效应模型下协方差估计在自变量扰动下的最大扰动方向

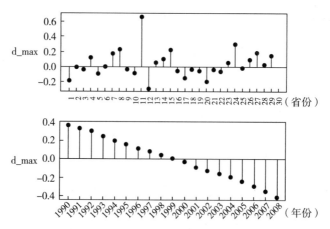

**图 7-10　随机效应模型下协方差估计在因变量扰动下的最大扰动方向**

图 7-9 显示，在自变量按截面扰动下，表现最异常的是截面 1（北京市）的观测，其次截面 20（海南省）在自变量 $\ln(fs)$ 和 $\ln(cd)$ 扰动下以及截面 9（上海市）在自变量 $cpi$ 扰动下，影响也比较显著；在自变量按时间扰动下，1990 年和 2008 年的观测都表现比较异常。图 7-10 表明，在因变量扰动下，在截面维度上，截面 11（浙江省）的观测表现最异常；在时间维度上，1990 年和 2008 年的观测都表现出一定的异常性。

### 7.3.2　广义最小二乘估计的统计诊断

对于面板数据随机效应模型，广义最小二乘估计是无偏的、一致的、有效的。所以针对 CNMF_D 数据，我们可以应用第 4 章给出的广义最小二乘估计的诊断统计量，识别异常截面数据和异常年份数据。下面我们将分别基于数据删除模型的诊断方法和基于广义影响函数的诊断方法，从广义最小二乘估计的角度，探测 CNMF_D 数据中可能的异常观测。

#### 7.3.2.1　基于数据删除模型的统计诊断

对于数据删除模型，第 4.1 节从截面数据删除和时间数据删除两个角度，给出了数据删除前后衡量广义最小二乘估计改变量的广义 Cook 距离。利用式（4-9），我们可以考察不同截面的数据对广义最小二乘估计的影响；利用式（4-20），我们可以考察不同时间的数据对广义最小二乘估计的影响。

从图 7-11 我们可以看出，在截面维度上，截面 1（北京市）的观测对广义最小二乘估计的影响程度最高，其次，截面 11（浙江省）、9（上海市）、截面 20（海南省）也有一定的影响；在时间维度上，1990 年的观测对广义最小二乘估计的影响最强。

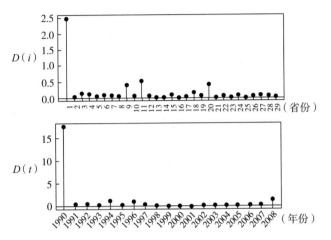

图 7-11　广义最小二乘估计在数据删除模型下的诊断结果

### 7.3.2.2　基于广义影响函数的统计诊断

根据式（4-34）、式（4-38）、式（4-42）、式（4-46），我们得到了广义最小二乘估计在不同方差扰动情况下的最大扰动方向；根据式（4-60）和式（4-69），可以得到广义最小二乘估计在自变量扰动下的最大扰动方向；根据式（4-78）和式（4-82），可以得到广义最小二乘估计在因变量扰动下的最大扰动方向。

对于广义最小二乘估计，在自变量和因变量按截面扰动下，各截面对参数估计的影响程度大致相当。图 7-12 中方差扰动显示，截面 1（北京市）和截面 9（上海市）对广义最小二乘估计影响是比较显著的。在时间扰动模型下，1990 年和 2008 年观测仍然表现比较异常。

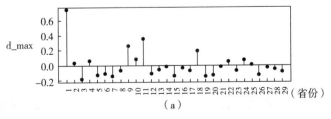

（a）

图 7-12　广义最小二乘估计在方差扰动下的最大扰动方向

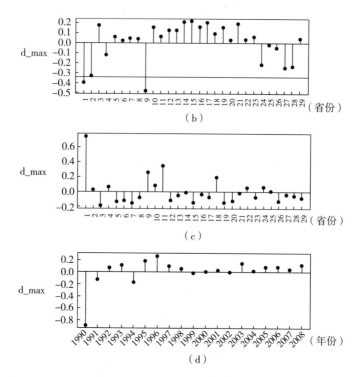

图7-12　广义最小二乘估计在方差扰动下的最大扰动方向（续）

注：图（a）为误差项方差按截面扰动；图（b）为个体项方差按截面扰动；图（c）为误差项和个体项方差同时扰动；图（d）为误差项方差按时间扰动。

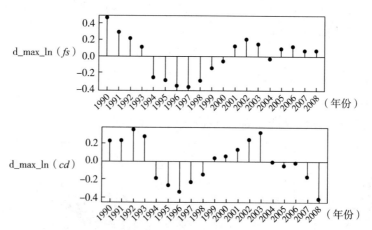

图7-13　广义最小二乘估计在自变量/因变量按时间扰动下的最大扰动方向

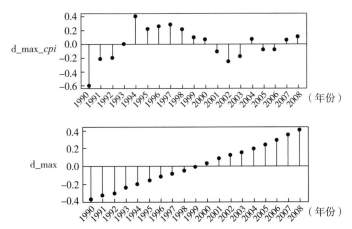

**图7-13  广义最小二乘估计在自变量/因变量按时间扰动下的最大扰动方向（续）**

### 7.3.3  极大似然估计的统计诊断

我们对 CNMF_D 数据建立面板随机效应模型，该模型不仅适用广义最小二乘估计和协方差估计，在模型随机项服从正态分布的假设下，我们还可以得到模型的极大似然估计。本节应用第 5 章的诊断统计量来探测 CNMF_D 数据中是否存在对模型极大似然估计影响特别大的点。

#### 7.3.3.1  基于数据删除模型的统计诊断

我们在第 5.1 节中得到基于数据删除模型下极大似然估计中异常点的诊断统计量式（5-11）和式（5-12）。针对 CNMF_D 数据，应用式（5-11），我们得到图 7-14 上图中的基于截面数据删除的似然距离，其中，截面 20（海南省）和 1（北京市）表现出较强的异常性；应用式（5-12），我们得到时间数据删除下的似然距离如图 7-14 中下图所示，其中 1990 年仍表现出强影响性。

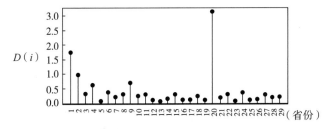

**图7-14  极大似然估计在数据删除模型下的诊断结果**

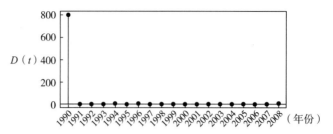

**图 7-14  极大似然估计在数据删除模型下的诊断结果（续）**

### 7.3.3.2  基于 Cook 曲率度量的统计诊断

本书第 5.2 节基于 Cook 曲率度量的诊断方法，给出面板数据随机效应模型极大似然估计中异常点识别的诊断统计量。应用式（5-28）、式（5-34）、式（5-39），结合式（5-17）至式（5-20），我们得到如图 7-15 所示的方差扰动模型下的最大扰动方向；应用式（5-49）、式（5-53），结合式（5-17）至式（5-20），我们得到如图 7-16 所示的自变量扰动模型下的最大扰动方向；应用式（5-63）、式（5-68），结合式（5-17）至式（5-20），我们得到因变量扰动模型下的最大扰动方向，但是结果显示，在因变量扰动下，各个截面的观测和各年的观测对极大似然估计的影响程度大致相当，我们在表 7-3 中列出了因变量按时间扰动下的最大扰动方向。

图 7-15 说明，在方差扰动模型下，截面 1（北京市）和截面 9（上海市）的观测对面板数据随机效应极大似然估计具有显著的影响。图 7-16 显示，在自变量按截面扰动情况下，截面 9（上海市）的观测表现出最强的异常性；在自变量按时间扰动情况下，1990 年和 2008 年的观测影响比较显著。

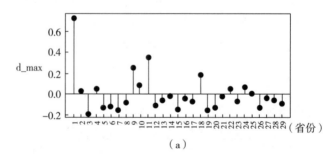

（a）

**图 7-15  极大似然估计在方差扰动下的最大扰动方向**

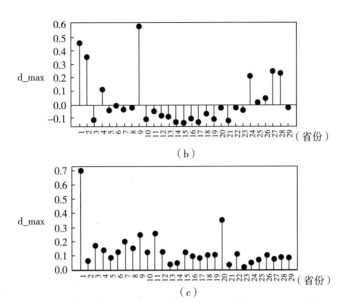

图 7-15　极大似然估计在方差扰动下的最大扰动方向（续）

注：图（a）为误差项方差按截面扰动；图（b）为个体项方差扰动；图（c）为误差项和个体项方差同时扰动。

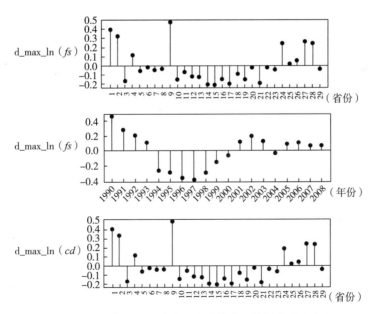

图 7-16　极大似然估计在自变量扰动下的最大扰动方向

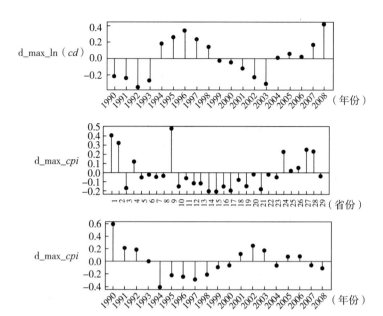

图 7-16   极大似然估计在自变量扰动下的最大扰动方向 （续）

表 7-3   极大似然估计在因变量按时间扰动下的最大扰动方向

| 年份 | $LD_t$ | 年份 | $LD_t$ | 年份 | $LD_t$ | 年份 | $LD_t$ |
|------|--------|------|--------|------|--------|------|--------|
| 1990 | -0.368 | 1995 | -0.161 | 2000 | 0.028 | 2005 | 0.240 |
| 1991 | -0.328 | 1996 | -0.119 | 2001 | 0.087 | 2006 | 0.289 |
| 1992 | -0.305 | 1997 | -0.089 | 2002 | 0.124 | 2007 | 0.348 |
| 1993 | -0.242 | 1998 | -0.050 | 2003 | 0.154 | 2008 | 0.408 |
| 1994 | -0.202 | 1999 | -0.010 | 2004 | 0.196 | | |

### 7.3.4   Hausman 检验统计量的统计诊断

应用第 6 章的理论成果，我们还可以从 Hausman 检验统计量的角度，探测 CNMF_D 数据中可能的异常观测。下面我们将利于基于数据删除模型诊断方法和基于 Cook 曲率度量诊断方法提出的诊断统计量，识别 CNMF_D 数据对 Hausman 检验统计具有强影响的截面观测和时间观测。

#### 7.3.4.1   基于数据删除模型的统计诊断

应用式 （6-2） 和式 （6-4），我们得到在数据删除模型下，对 CNMF_D 数据的 Hausman 检验统计量具有强影响的截面观测为截面 24 （西藏自治区），具有强影响的时间观测为 2007 年 （见图 7-17）。

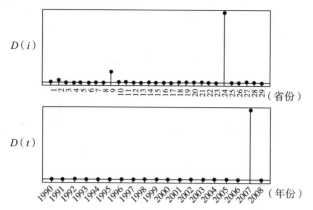

图 7-17  **Hausman** 检验统计量在数据删除模型下的诊断结果

#### 7.3.4.2 基于广义影响函数的统计诊断

应用式（6-12）、式（6-18）、式（6-23）、式（6-28）得到方差扰动模型下，判断 CNMF_D 数据中异常观测的最大扰动方向，如图 7-18 所示。

从图 7-18 中我们可以看出，影响显著的截面观测有截面 1（北京市）、截面 11（浙江省）、截面 24（西藏自治区）、截面 9（上海市），影响显著的时间观测为 1990 年的观测。

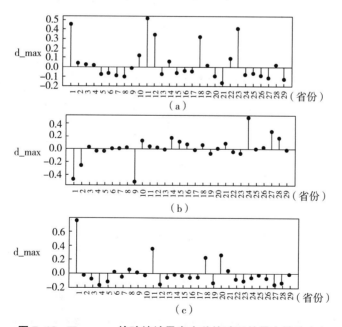

图 7-18  **Hausman** 检验统计量在方差扰动下的最大扰动方向

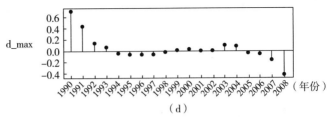

图 7-18  **Hausman 检验统计量在方差扰动下的最大扰动方向 （续）**

注：图（a）为误差项方差按截面扰动；图（b）为个体项方差扰动；图（c）为误差项和个体项方差同时扰动；图（d）为误差项方差按时间扰动。

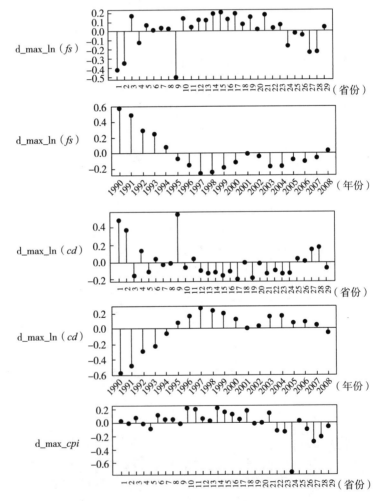

图 7-19  **Hausman 检验统计量在自变量扰动下的最大扰动方向**

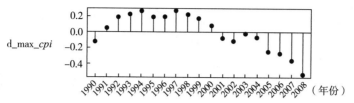

**图 7-19** Hausman 检验统计量在自变量扰动下的最大扰动方向（续）

应用式（6-37）和式（6-46），我们得到自变量扰动下识别 CNMF_D 中异常数据的最大扰动方向，如图 7-19 所示。

图 7-19 显示，在自变量按截面扰动下，表现比较异常的为截面 9（上海市）、截面 1（北京市）、截面 24（西藏自治区）的观测；在自变量按时间扰动下，表现比较异常的是 1990 年和 2008 年的观测。

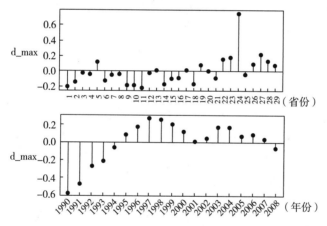

**图 7-20** Hausman 检验统计量在因变量扰动下的最大扰动方向

应用式（6-51）和式（6-56），我们得到因变量扰动下 Hausman 检验统计量的最大扰动方向如图 7-20 所示，从图 7-20 中可以看出，在截面维度上，截面 24（西藏自治区）的观测对 Hausman 检验统计量具有显著的影响；在时间维度上，1990 年的观测表现比较异常。

# 7.4  实例分析总结

对于 CNMF 数据，根据 Hausman 检验结论，模型（7-1）应设定为固定效应，适用协方差估计。此时，协方差估计具有无偏性、一致性、有效性。利用第 3 章中协方差估计的诊断统计量以及第 6 章中 Hausman 检验统计量的诊断统计量，我们发现在 CNMF 数据中，在截面维度上，截面 1（北京市）和截面 12（安徽省）的观测可能是异常数据或强影响数据；在时间维度上，1990 年的观测可能是异常数据。另外，我们注意到，北京市和安徽省的数据对固定效应模型 Hausman 检验作用的方向和强度都有差异。从作用方向来看，北京市弱化了 CNMF 数据的固定效应，所以剔除北京市的观测后，CNMF 数据的固定效应更显著；安徽省强化了 CNMF 数据的固定效应，所以剔除安徽省的观测后，CNMF 数据应该设定为随机效应。从作用强度来说，无论 CNMF 数据是否包含北京市，模型（7-1）都应设定为固定效应模型；但是安徽省的观测却可以决定模型（7-1）的设定形式。从这个角度来看，北京市的观测可能是 CNMF 数据中的强影响观测，而安徽省的观测则可能为异常观测。

对于 CNMF_D 数据，根据 Hausman 检验结论，模型（7-1）应设定为随机效应模型。模型适用协方差估计、广义最小二乘估计、极大似然估计，但是协方差估计不具有有效性。应用第 3 章至第 6 章的诊断统计量，探测模型参数估计（包括协方差估计、广义最小二乘估计、极大似然估计）以及 Hausman 检验统计量中可能的异常截面数据和异常时间数据，我们发现，在截面维度，截面 1（北京市）和截面 9（上海市）的观测表现比较异常；在时间维度，1990 年和 2008 年的观测表现比较异常。

我们注意到，CNMF 数据中的异常观测主要集中在截面 1 和截面 12 以及 1990 年，但是 CNMF_D 数据中的异常值比较分散。尤其是在数据删除模型下，对于 CNMF_D 数据，其协方差估计和广义最小二乘估计的异常截面是截面 1（北京市），极大似然估计的异常截面为截面 20（海南省），Hausman 检验统计量的异常截面为截面 24（西藏自治区）。之所以出现这种差异，可能因为存在"淹没"问题。具体来说，对 CNMF 数据，基于数据删除模型的诊断方法一次只删除一组观测，如删除一个截面的观测或一年的观测。但是对于 CNMF_D 数据，其本身是在 CNMF 数据的基础上剔除了截面安徽省的所有观测，如果对 CNMF_D 数据采用基于数据删除的诊断方法探测其中的异常点，就相当于对 CNMF 数据一次剔除两组数据。我们知道，基于数据删除模型的统计诊断方法，当它被用于识别多个异常点时，可能出现"淹没"问题，即把正常数据误认为异常数据。但是基于广义影响函数的诊断方法以及基于 Cook 曲率度量的诊断方法，都能在一定程度上避免"淹没"问题，所以 CNMF_D 数据在这两种方法下识别出的异常截面是截面 1（北京市）和截面 9（上海市），与 CNMF 数据中的结论基本一致。因此，CNMF_D 数据在数据删除模型下识别出的截面 20（海南省）和截面 24（西藏自治区）可能并不是异常观测。这并不意味着我们在数据删除模型下提出的诊断统计量失效，因为对于 CNMF 数据，这些诊断统计量是有效的，只是它们更适用于删除一组观测，而不适用于同时删除多组观测。

下面，我们从数据出发，探寻异常数据出现的内在原因。从图 7-21 中可以看出，截面 12（安徽省）的金融机构贷款余额整体都显著低于其他省份；截面 1（北京市）、截面 2（天津市）、截面 9（上海市）、截面 25（西藏自治区）的产出相对低于其他省份。图 7-22 显示，1990 年各省份的居民消费物价指数显著低于其他年份。图 7-21 和图 7-22 说明，本章所探测出的异常数据确实有不同于其他数据整体表现的地方。

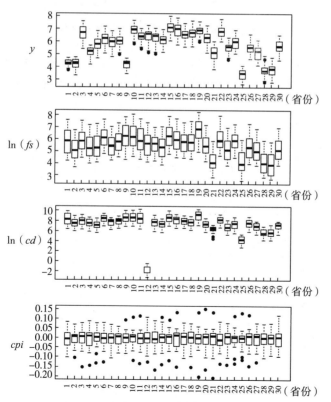

**图 7-21 各省份自变量和因变量的盒形图**

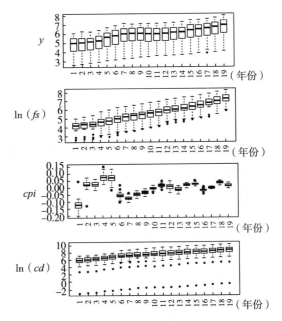

图 7-22  各年份自变量和因变量的盒形图

现在，我们已经识别了 CNMF 数据和 CNMF_D 数据中可能的异常观测。下面将简要探讨这些异常数据具体对模型参数估计和 Hausman 检验带来怎样的影响。

表 7-4  不同数据下面板数据模型的参数估计

| | | Hausman 检验结论 | 参数估计类型 | $\hat{\beta}_1$ | $\hat{\beta}_2$ | $\hat{\beta}_3$ |
|---|---|---|---|---|---|---|
| CNMF 数据 | 完全数据 | 固定效应 | CV 估计 | 0.2714 | 0.3028 | −0.7556 |
| | 删除安徽省 | 随机效应 | GLS 估计 | 0.2757 | 0.2968 | −0.7128 |
| | 删除北京市 | 固定效应 | CV 估计 | 0.2230 | 0.3809 | −0.7903 |
| | 删除 1990 年 | 随机效应 | GLS 估计 | 0.3854 | 0.1419 | −1.7530 |
| CNMF_D 数据 | 完全数据 | 随机效应 | GLS 估计 | 0.2757 | 0.2968 | −0.7128 |
| | | | MLE 估计 | 0.2760 | 0.2963 | −0.7126 |
| | 删除北京市 | 随机效应 | GLS 估计 | 0.2267 | 0.3761 | −0.7466 |
| | | | MLE 估计 | 0.2820 | 0.3011 | −0.7147 |
| | 删除上海市 | 固定效应 | CV 估计 | 0.2873 | 0.2935 | −0.7121 |

续表

| | | Hausman 检验结论 | 参数估计 类型 | $\hat{\beta}_1$ | $\hat{\beta}_2$ | $\hat{\beta}_3$ |
|---|---|---|---|---|---|---|
| CNMF_D 数据 | 删除 1990 年 | 随机效应 | GLS 估计 | 0.3869 | 0.1401 | −1.7115 |
| | | | MLE 估计 | 0.3882 | 0.1384 | −1.7143 |

根据表 7-4 我们可以得到以下结论：

（1）北京市确实对模型参数估计具有非常显著的影响。对于 CNMF 数据，删除北京市的观测后，货币政策的产出效应由 0.3028 提高到 0.3809，财政政策的产出效应由 0.2714 降低到 0.2230；对于 CNMF_D 数据，删除北京市的观测后，货币政策的产出效应由 0.2968 提高到 0.3761，财政政策的产出效应由 0.2757 降低到 0.2267。

（2）1990 年的观测在模型（7-1）的参数估计中发挥了极其重要的作用。在完全数据下，货币政策的产出效应要超过财政政策的产出效应，但是删除 1990 年的观测后，财政政策的产出效应远超过货币政策的产出效应。

（3）虽然对于 CNMF 数据，删除安徽省后模型参数估计的改变量并不大，但这是因为协方差估计在固定效应和随机效应设定下均具有无偏性和一致性，所以即使模型设定改变，参数估计改变并不大。但在随机效应设定下，协方差估计不是有效的，因此对 CNMF 数据使用协方差估计，可能会在模型精确度方面存在问题。

在上述分析中，我们只是简单删除了可能的异常观测，这种做法虽然不够严谨，但也足以说明统计诊断在面板数据模型参数估计和模型设定中的重要性。实际上，更严谨的做法是，深入研究异常观测出现的原因，并据此对数据或模型进行相应的调整，但是这种深入分析只针对具体问题有效，而不能推广到其他的面板数据建模中，考虑到本书的研究重点，我们不对此展开讨论。

# 第❽章
# 研究总结和展望

异常点的统计诊断问题作为一个重要的统计学课题，很早就引起学者的关注。目前，线性回归模型中的异常点识别已经发展得相对完善，很多文献对此进行过讨论。面板数据模型是一类重要的计量模型，在计量经济研究中被广泛使用。Hausman 检验为面板数据模型固定效应和随机效应的选择提供依据，是面板数据模型建立过程中必不可少的步骤。与其他计量模型一样，面板数据模型的参数估计及 Hausman 检验统计量都不可避免会受到异常数据的干扰。但在面板数据模型框架下讨论参数估计和假设检验的异常点识别或影响评价的文献却还相当少。

## 8.1   研究总结

本书在面板数据模型框架下，对面板数据模型的协方差估计、广义最小二乘估计、极大似然估计以及模型设定的 Hausman 检验统计量的统计诊断问题进行讨论。在理论研究方面，本书应用基于数据删除模型的诊断方法、基于广义影响函数的诊断方法以及基于 Cook 曲率度量的诊断方法，推导出面板数据模型参数估计（包括协方差估计、广义最小二乘估计、极大似然估计）和假设检验（Hausman 检验）中异常点识别的诊断统计量。在数值实例方面，采用中国货币政策和财政政策的产出效应数据，应用理论部分提出的诊断统计量，识别数据中可能的异常截面数据和异常时间数据。以下我们具体介绍：

其一，协方差估计的统计诊断研究。协方差估计在面板数据固定效应和随机效应模型下都是无偏的和一致的，但协方差估计在随机效应模型下不具有有效性。在两种模型设定下，协方差估计具有相同的形式。所以我们对协方差估计的统计诊断研究成果在固定效应模型和随机效应模型下都适用。在研究方法上，我们采用了基于数据删除模型的诊断方法和基于广义影响函数的诊断方法。利用基于数据删除模型的诊断方法，我们得到截面数据删除下诊断统计量式（3-10）和时间数据删除下的诊断统计量式（3-19）。利用基于广义影响函数的诊断方法，我们得到自变量按截面扰动下的诊断统计量式（3-41）和自变量按时间扰动下的诊断统计量式（3-50），以及因变量扰动按截面扰动下的诊断统计量式（3-57）和因变量按时间扰动下的诊断统计量式（3-61）。应用式（3-10）、式（3-41）和式（3-57），可以识别面板数据中对协方差估计影响显著的截面观测；应用式（3-19）、式（3-50）和式（3-61），可以识别面板数据中对协方差估计影响显著的时间观测。

其二，广义最小二乘估计的统计诊断研究。广义最小二乘估计在随机效应模型下是最佳线性无偏的，但在固定效应模型下是有偏的且非一致的。在面板数据随机效应模型框架下，我们采用基于数据删除模型的诊断方法和基于广义影响函数的诊断方法，研究广义最小二乘估计的统计诊断问题。利用基于数据删除模型的诊断方法，我们得到截面数据删除下诊断统计量式（4-9）和时间数据删除下的诊断统计量式（4-20）。在基于广义影响函数的统计诊断研究中，我们在方差扰动、自变量扰动和因变量扰动三种扰动方式下，得到诊断统计量式（4-34）、式（4-42）、式（4-46）、式（4-60）、式（4-78），用于识别对广义最小二乘估计具有强影响的截面数据，以及诊断统计量式（4-38）、式（4-69）、式（4-82），用于识别对广义最小二乘估计具有强影响的时间数据。

其三，极大似然估计的统计诊断研究。对于面板数据随机效应模型，当假设随机项服从正态分布时，我们就可以得到模型的极大似然估计。我们采用基于数据删除的诊断方法和基于Cook曲率度量的诊断方法，研究随机效应模型极大似然估计的统计诊断问题。在基于数据删除的诊断方法下，我们得到识别异常截面数据的诊断统计量式（5-11）和识别异常时间数据的诊断统计量式（5-12）。利用基于Cook曲率度量的诊断方法，我们得到了方差加权扰动、自变量扰动和因变量扰动下，识别异常截面数据和异常时间数据的诊断统计量，其中，应用式（5-28）、式（5-34）、式（5-39）、式（5-49）、式（5-63），结合式（5-17）至式（5-20），可以识别对极大似然估计具有显著影响的截面数据；应用式（5-53）、式（5-68），结合式（5-17）至式（5-20），可以识别对极大似然估计具有显著影响的时间数据。

其四，Hausman 检验统计量的统计诊断研究。在面板数据模型中，Hausman 检验具有至关重要的作用。因为 Hausman 检验统计量是基于协方差估计和广义最小二乘估计及其方差—协方差矩阵构建，所以利用对协方差估计和广义最小二乘估计的统计诊断研究成果，我们可以研究 Hausman 检验统计量的统计诊断问题。式（6-2）和式（6-4）是基于数据删除模型的诊断方法得到的诊断统计量，分别用于识别对 Hausman 检验统计量具有显著影响的截面数据和时间数据。另外，基于广义影响函数的诊断方法，我们还得到方差扰动下的诊断统计量式（6-12）、式（6-18）、式（6-23）和式（6-28），自变量扰动下的诊断统计量式（6-37）和式（6-46），以及因变量扰动下的诊断统计量式（6-51）和式（6-56）。利用这些诊断统计量，我们可以识别 Hausman 检验统计量的异常截面数据和异常时间数据。

其五，在数值实例部分，本书采用中国货币政策和财政政策的产出效应数据，应用前面提出的各种诊断统计量，识别对面板数据模型协方差估计、广义最小二乘估计、极大似然函数以及 Hausman 检验统计量具有强影响的截面数据和时间数据。使用不同诊断统计量识别出的异常数据基本一致，说明这些诊断统计量的有效性。通过实例分析，我们可以更直观地认识到异常点识别在面板数据建模中的重要性。所以，本书的研究，不仅具有重要的理论价值，更具有广泛的实际应用价值。

## 8.2　研究展望

统计模型的选择既要由研究目的决定，另外也需要考虑模型的经济意义，但在大多数情况下，统计模型还是受数据驱动的。在一些统计模型中，模型形式可以不需要事先设定，而是完全根据数据本身确定，如非参数模型。如果样本数据中存在异常值或强影响值，那么模型统计推断很可能因为这些极少数的数据而发生极大的改变。面板数据模型固定效应和随机效应的确定也是由数据本身决定的，虽然这样可以避免主观设定的偏误，但同时也可能会造成对数据的依赖，尤其是样本数据中极少数的异常值或强影响值，可能主导着模型的设定形式。本书从理论和数值实例两方

面，讨论了面板数据模型协方差估计、广义最小二乘估计、极大似然估计及 Hausman 检验统计量中异常点识别问题，但仍存在进一步研究的空间。

首先，在研究内容上，本书只讨论了面板数据模型的三种参数估计量，而目前，面板数据模型的估计方法发展出很多新的内容，如广义矩估计方法、工具变量估计法等。并且面板数据随机效应模型的极大似然估计也有很多不同的处理方法，比如 Hsiao（2003）就介绍了极大似然估计的另一种迭代算法。所以在面板数据模型框架下，我们还可以研究这些新的估计方法所得到的参数估计量的统计诊断问题。另外，在面板数据模型框架下，除 Hausman 检验外，还有其他的重要假设检验，如面板单位根检验、面板协整检验等，这些检验也决定着模型的设定，但是目前没有文献研究它们的统计诊断问题。

其次，在研究方法上，本书使用了三种统计诊断方法，即基于数据删除模型的诊断方法，基于广义影响函数的诊断方法，以及基于 Cook 曲率度量的诊断方法。这些统计诊断方法具有明确的统计意义，对大多数统计模型都适用。但统计诊断还有其他很多方法，如基于 EM 算法的诊断方法、统计诊断的 Bayes 方法、LM 检验法、谱方法，等等。在统计诊断研究领域，异常点识别对所使用的诊断方法具有一定的依赖性，这是一个值得关注的问题。很多时候，不同的诊断方法识别出的异常数据是一致的，但这些数据的异常程度可能不同，如使用数据删除模型识别出的异常数据的异常程度排序为 $a>b>c$，但是使用基于 Cook 曲率度量的诊断法识别的异常数据的异常程度排序可能为 $c>a>b$。这时候我们很难判断是数据 $a$ 更异常，还是数据 $c$ 更异常。还有一些情况下，不同的统计诊断方法可能识别出的异常值也完全不同，此时我们就更难以做出判断了。在本书第 7 章的数值实例部分，也遇到这一问题。针对这个问题，普遍的做法是，使用多种诊断方法进行异常点识别，综合不同方法下的结论，判断出最终的异常点。所以，本书对面板数据模型参数估计和模型设定 Hausman 检验统计量的统计诊断，也应该多使用不同的方法，从不同的角度进行研究。这也是本书可以继续深入研究的内容之一。

# 附　录

**引理 1**　（和式求逆公式）设 $A$ 为 $n \times n$ 阶矩阵，$M$、$N$ 分别为 $n \times p$ 和 $p \times n$ 阶矩阵，并假设相应的逆矩阵存在，则有：

$$(A+MN)^{-1} = A^{-1} - A^{-1}M(I+NA^{-1}M)^{-1}NA^{-1}$$

其中，$I$ 为单位矩阵。上式的特殊形式为：

$$(X'X - X_1'X_1)^{-1} = (X'X)^{-1} + (X'X)^{-1}X_1'(I - X_1(X'X)^{-1}X_1')^{-1}X_1(X'X)^{-1}$$

证明见张尧庭和方开泰（1982）。

**引理 2**　（实数矩阵函数求导法则）对于实数 $t$ 的矩阵函数 $A(t) = (a_{ij}(t))_{m \times n}$，$B(t)$ 和 $C(t)$，它们关于 $t$ 的导函数矩阵满足如下关系式：

$$\frac{\mathrm{d}A(t)}{\mathrm{d}t} = \left(\frac{\mathrm{d}a_{ij}(t)}{\mathrm{d}t}\right)_{m \times n}$$

$$\frac{\mathrm{d}A(t)B(t)}{\mathrm{d}t} = \frac{\mathrm{d}A(t)}{\mathrm{d}t}B(t) + A(t)\frac{\mathrm{d}B(t)}{\mathrm{d}t}$$

$$\frac{\mathrm{d}C^{-1}(t)}{\mathrm{d}t} = -C^{-1}(t)\frac{\mathrm{d}C(t)}{\mathrm{d}t}C^{-1}(t)$$

证明见卜长江和罗跃生（2003）。

**引理 3**　对任意列向量 $\nu_{NT}$、$d_N$、$k_T$ 以及方阵 $\sum_{T \times T}$，如下等式总是成立：

$$\left(D \otimes \sum\right)\nu = diag\left[\left(I_N \otimes \sum\right)\nu\right] \cdot (d \otimes \iota_T)$$

$$(I_N \otimes K)\nu = diag(\nu) \cdot (\iota_N \otimes k)$$

其中，$D = diag(d)$，$K = diag(k)$，$\iota_T$ 为元素全为 1 的 $T$ 阶列向量。

证明：对于 $\left(D \otimes \sum\right)\nu = diag\left[\left(I_N \otimes \sum\right)\nu\right] \cdot (d \otimes \iota_T)$，左右两边分别展开：

$$左边 = \begin{pmatrix} d_1 \sum & & & \\ & d_2 \sum & & \\ & & \ddots & \\ & & & d_N \sum \end{pmatrix} \begin{pmatrix} \nu_1 \\ \nu_2 \\ \vdots \\ \nu_N \end{pmatrix} = \begin{pmatrix} d_1 \sum \nu_1 \\ d_2 \sum \nu_2 \\ \vdots \\ d_N \sum \nu_N \end{pmatrix}$$

$$右边 = diag \left[ \begin{pmatrix} \sum & & & \\ & \sum & & \\ & & \ddots & \\ & & & \sum \end{pmatrix} \begin{pmatrix} \nu_1 \\ \nu_2 \\ \vdots \\ \nu_N \end{pmatrix} \right] \cdot \begin{pmatrix} d_1 \iota_T \\ d_2 \iota_T \\ \vdots \\ d_N \iota_T \end{pmatrix} = diag \left[ \begin{pmatrix} \sum \nu_1 \\ \sum \nu_2 \\ \vdots \\ \sum \nu_N \end{pmatrix} \right] \cdot \begin{pmatrix} d_1 \iota_T \\ d_2 \iota_T \\ \vdots \\ d_N \iota_T \end{pmatrix}$$

$$= \begin{pmatrix} diag(\sum \nu_1) & & & \\ & diag(\sum \nu_2) & & \\ & & \ddots & \\ & & & diag(\sum \nu_N) \end{pmatrix} \begin{pmatrix} d_1 \iota_T \\ d_2 \iota_T \\ \vdots \\ d_N \iota_T \end{pmatrix}$$

$$= \begin{pmatrix} d_1 diag(\sum \nu_1) \iota_T \\ d_2 diag(\sum \nu_2) \iota_T \\ \vdots \\ d_N diag(\sum \nu_N) \iota_T \end{pmatrix} = \begin{pmatrix} d_1 \sum \nu_1 \\ d_2 \sum \nu_2 \\ \vdots \\ d_N \sum \nu_N \end{pmatrix}$$

左边 = 右边，所以第一个等式成立。同理，对 $(I_N \otimes K) \nu = diag(\nu) \cdot (\iota_N \otimes k)$ 左右两边分别展开：

$$左边 = (I_N \otimes K) \nu = \begin{pmatrix} K & & & \\ & K & & \\ & & \ddots & \\ & & & K \end{pmatrix} \begin{pmatrix} \nu_1 \\ \nu_2 \\ \vdots \\ \nu_N \end{pmatrix} = \begin{pmatrix} K\nu_1 \\ K\nu_2 \\ \vdots \\ K\nu_N \end{pmatrix}$$

$$右边 = \begin{pmatrix} diag(\nu_1) & & & \\ & diag(\nu_2) & & \\ & & \ddots & \\ & & & diag(\nu_N) \end{pmatrix} \begin{pmatrix} k \\ k \\ \vdots \\ k \end{pmatrix} = \begin{pmatrix} diag(\nu_1) k \\ diag(\nu_2) k \\ \vdots \\ diag(\nu_N) k \end{pmatrix} = \begin{pmatrix} K\nu_1 \\ K\nu_2 \\ \vdots \\ K\nu_N \end{pmatrix}$$

左边 = 右边，所以第二个等式成立。

**引理 4**　对于 $d_N$、$k_T$ 和 $A_{NT \times NT}$，其中 $A$ 为对称矩阵，$(d \otimes \iota_T)' A (d \otimes$

$\iota_T$）和 $(\iota_N \otimes d)'A(\iota_N \otimes d)$ 总是可以表示为 $d'Fd$ 的形式，并且 $F$ 是对称矩阵。

证明：首先，$A$ 总是可以拆分为由 $N^2$ 个 $T$ 维方阵构成的分块矩阵，即

$$A = \begin{pmatrix} A_{11} & A_{12} & \cdots & A_{1N} \\ A_{21} & A_{22} & \cdots & A_{2N} \\ \vdots & \vdots & \ddots & \vdots \\ A_{N1} & A_{N2} & \cdots & A_{NN} \end{pmatrix}$$

其中，$A_{ij}$ 均为 $T$ 维方阵。并且由于 $A$ 是对称矩阵，所以 $A_{ij} = A'_{ji}$ 总是成立。我们对 $(d \otimes \iota_T)'A(d \otimes \iota_T)$ 进行展开得到：

$$(d \otimes \iota_T)'A(d \otimes \iota_T) = (d_1 \iota'_T, d_2 \iota'_T, \cdots, d_N \iota'_T) \begin{pmatrix} A_{11} & A_{12} & \cdots & A_{1N} \\ A_{21} & A_{22} & \cdots & A_{2N} \\ \vdots & \vdots & \ddots & \vdots \\ A_{N1} & A_{N2} & \cdots & A_{NN} \end{pmatrix} \begin{pmatrix} d_1 \iota_T \\ d_2 \iota_T \\ \vdots \\ d_N \iota_T \end{pmatrix}$$

$$= (d_1, d_2, \cdots, d_N) \begin{pmatrix} \iota'_T A_{11} \iota_T & \iota'_T A_{12} \iota_T & \cdots & \iota'_T A_{1N} \iota_T \\ \iota'_T A_{21} \iota_T & \iota'_T A_{22} \iota_T & \cdots & \iota'_T A_{2N} \iota_T \\ \vdots & \vdots & \ddots & \vdots \\ \iota'_T A_{N1} \iota_T & \iota'_T A_{N2} \iota_T & \cdots & \iota'_T A_{NN} \iota_T \end{pmatrix} \begin{pmatrix} d_1 \\ d_2 \\ \vdots \\ d_N \end{pmatrix}$$

$$\triangleq d'F_1 d$$

注意，因为 $A_{ij} = A'_{ji}$，所以 $\iota'_T A_{ij} \iota_T = \iota'_T A'_{ji} \iota_T$，$F_1$ 是对称矩阵。

同理，对于 $(\iota_N \otimes d)'A(\iota_N \otimes d)$，下列展开式成立：

$$(\iota_N \otimes d)'A(\iota_N \otimes d) = (d', \ d', \ \cdots, \ d') \begin{pmatrix} A_{11} & A_{12} & \cdots & A_{1N} \\ A_{21} & A_{22} & \cdots & A_{2N} \\ \vdots & \vdots & \ddots & \vdots \\ A_{N1} & A_{N2} & \cdots & A_{NN} \end{pmatrix} \begin{pmatrix} d \\ d \\ \vdots \\ d \end{pmatrix}$$

$$= \left( d' \sum_{i=1}^{N} A_{i1}, \ d' \sum_{i=1}^{N} A_{i2}, \ \cdots, \ d' \sum_{i=1}^{N} A_{iN} \right) \begin{pmatrix} d \\ d \\ \vdots \\ d \end{pmatrix}$$

$$= d' \left( \sum_{j=1}^{N} \sum_{i=1}^{N} A_{ij} \right) d \triangleq d'F_2 d$$

由 $A_{ij} = A'_{ji}$ 可知，$\left( \sum_{j=1}^{N} \sum_{i=1}^{N} A_{ij} \right)' = \sum_{j=1}^{N} \sum_{i=1}^{N} A'_{ij} = \sum_{j=1}^{N} \sum_{i=1}^{N} A_{ji} = \sum_{j=1}^{N} \sum_{i=1}^{N} A_{ij}$，因

此 $F_2$ 是对称矩阵。

**引理 5**　对于形如 $d'Fd$ 的对称矩阵二次型，其最大值为 $(d'd)\lambda_1$，其中 $\lambda_1$ 为矩阵 $F$ 的最大特征值，因而 $d_{max}$ 与 $\lambda_1$ 所对应的特征向量成比例。

证明见韦博成等（2009）。

**引理 6**　对于 $x = (x_1, \cdots, x_p)'$，$f(x) = (f_i(x))_n$，$f(x) = f(x_1, \cdots, x_p)$，$X = (x_{ij})_{n \times p}$，以下矩阵函数求导公式成立：

（1）$\dfrac{\partial}{\partial x}\left[\dfrac{f(x)}{f(x)}\right] = \dfrac{1}{f(x)}\dfrac{\partial f(x)}{\partial x} - \dfrac{1}{f(x)^2}\dfrac{\partial f(x)}{\partial x} \cdot f(x)'$

（2）$\dfrac{\partial xk'}{\partial x} = k' \otimes I_p$，其中 $k$ 为常数向量

（3）$\dfrac{\partial(x \otimes \iota_m)}{\partial x} = I_p \otimes \iota'_m$，其中 $\iota_m$ 为元素全为 1 的 $m$ 阶向量

（4）$\dfrac{\partial k_1 x' k_2}{\partial x} = k_2 k_1'$

（5）$\dfrac{\partial(\iota_N \otimes x)}{\partial x} = \iota'_N \otimes I_p$

（6）$\dfrac{\partial Xk}{\partial X} = I_p \otimes k'$

**证明：**（1）记 $g(x) = \dfrac{f(x)}{f(x)} = \left(\dfrac{f_i(x)}{f(x)}\right)_n \triangleq (g_i(x))_n$，那么：

$$\frac{\partial g(x)}{\partial x} = \left(\frac{\partial g_1(x)}{\partial x} \quad \cdots \quad \frac{\partial g_n(x)}{\partial x}\right) = \begin{pmatrix} \dfrac{\partial g_1(x)}{\partial x_1} & \cdots & \dfrac{\partial g_n(x)}{\partial x_1} \\ \vdots & \ddots & \vdots \\ \dfrac{\partial g_1(x)}{\partial x_p} & \cdots & \dfrac{\partial g_n(x)}{\partial x_p} \end{pmatrix},$$

因为

$$\frac{\partial g_i(x)}{\partial x_k} = \partial\frac{f_i(x)}{f(x)}/\partial x_k = \frac{\partial f_i(x)/\partial x_k \cdot f(x) - f_i(x) \cdot \partial f(x)/\partial x_k}{f(x)^2}$$

所以

$$\frac{\partial g(x)}{\partial x} = \frac{1}{f(x)}\frac{\partial f(x)}{\partial x} - \frac{1}{f(x)^2}\frac{\partial f(x)}{\partial x} \cdot f(x)'。$$

（2）对 $xk'$ 进行展开得到：

$$xk'=\begin{pmatrix}x_1\\x_2\\\vdots\\x_p\end{pmatrix}(k_1\quad k_2\quad\cdots\quad k_m)=\begin{pmatrix}x_1k_1&x_1k_2&\cdots&x_1k_m\\x_2k_1&x_2k_2&\cdots&x_2k_m\\\vdots&\vdots&\ddots&\vdots\\x_pk_1&x_pk_2&\cdots&x_pk_m\end{pmatrix}\triangleq(z_{.1}\quad z_{.2}\quad\cdots\quad z_{.m})$$

其中，$z_{.j}=(x_1y_j\quad x_2y_j\quad\cdots\quad x_ny_j)'$。所以，$\dfrac{\partial xk'}{\partial x}=\left(\dfrac{\partial z_{.1}}{\partial x}\quad\dfrac{\partial z_{.2}}{\partial x}\quad\cdots\quad\dfrac{\partial z_{.m}}{\partial x}\right)$。

注意到：

$$\frac{\partial z_{.j}}{\partial x}=\left(\frac{\partial x_1k_j}{\partial x}\quad\frac{\partial x_2k_j}{\partial x}\quad\cdots\quad\frac{\partial x_nk_j}{\partial x}\right)=\begin{pmatrix}\frac{\partial x_1k_j}{\partial x_1}&\frac{\partial x_2k_j}{\partial x_1}&\cdots&\frac{\partial x_nk_j}{\partial x_1}\\\frac{\partial x_1k_j}{\partial x_2}&\frac{\partial x_2k_j}{\partial x_2}&\cdots&\frac{\partial x_nk_j}{\partial x_2}\\\vdots&\vdots&\ddots&\vdots\\\frac{\partial x_1k_j}{\partial x_n}&\frac{\partial x_2k_j}{\partial x_n}&\cdots&\frac{\partial x_nk_j}{\partial x_n}\end{pmatrix}$$

$$=\begin{pmatrix}k_j&0&\cdots&0\\0&k_j&\cdots&0\\\vdots&\vdots&\ddots&\vdots\\0&0&\cdots&k_j\end{pmatrix}=k_jI_n$$

利用上式即可得到 $\dfrac{\partial xy'}{\partial x}=(k_1I_n\quad k_2I_n\quad\cdots\quad k_mI_n)=k'\otimes I_n$。

（3）因为 $x\otimes l_m=(x_1\quad\cdots\quad x_1\quad\cdots\quad x_m\quad\cdots\quad x_m)'$，所以

$$\frac{\partial(x\otimes l_m)}{\partial x}=\left(\frac{\partial x_1}{\partial x}\quad\cdots\quad\frac{\partial x_1}{\partial x}\quad\cdots\quad\frac{\partial x_m}{\partial x}\quad\cdots\quad\frac{\partial x_m}{\partial x}\right)$$

$$=\begin{pmatrix}\frac{\partial x_1}{\partial x_1}&\cdots&\frac{\partial x_1}{\partial x_1}&\cdots&\frac{\partial x_m}{\partial x_1}&\cdots&\frac{\partial x_m}{\partial x_1}\\\frac{\partial x_1}{\partial x_2}&\cdots&\frac{\partial x_1}{\partial x_2}&\cdots&\frac{\partial x_m}{\partial x_2}&\cdots&\frac{\partial x_m}{\partial x_2}\\\vdots&\ddots&\vdots&\ddots&\vdots&\ddots&\vdots\\\frac{\partial x_1}{\partial x_n}&\cdots&\frac{\partial x_1}{\partial x_n}&\cdots&\frac{\partial x_m}{\partial x_n}&\cdots&\frac{\partial x_m}{\partial x_n}\end{pmatrix}$$

$$= I_n \otimes l'_m$$

（4）对 $k_1 x' k_2$ 进行展开，可得到：

$$k_1 x' k_2 = \begin{pmatrix} k_{11} \\ k_{12} \\ \vdots \\ k_{1q} \end{pmatrix} (x_1 \quad x_2 \quad \cdots \quad x_p) \begin{pmatrix} k_{21} \\ k_{22} \\ \vdots \\ k_{2p} \end{pmatrix} = \begin{pmatrix} k_{11}x_1 & k_{11}x_2 & \cdots & k_{11}x_p \\ k_{12}x_1 & k_{12}x_2 & \cdots & k_{12}x_p \\ \vdots & \vdots & \ddots & \vdots \\ k_{1q}x_1 & k_{1q}x_2 & \cdots & k_{1q}x_p \end{pmatrix} \begin{pmatrix} k_{21} \\ k_{22} \\ \vdots \\ k_{2p} \end{pmatrix}$$

$$= \left( \sum_{i=1}^{p} k_{11}x_i k_{2i} \quad \sum_{i=1}^{p} k_{12}x_i k_{2i} \quad \cdots \quad \sum_{i=1}^{p} k_{1q}x_i k_{2i} \right)'$$

$$\frac{\partial k_1 x' k_2}{\partial x} = \left( \frac{\partial \sum_{i=1}^{p} k_{11}x_i k_{2i}}{\partial x} \quad \frac{\partial \sum_{i=1}^{p} k_{12}x_i k_{2i}}{\partial x} \quad \cdots \quad \frac{\partial \sum_{i=1}^{p} k_{1q}x_i k_{2i}}{\partial x} \right)$$

注意到：

$$\frac{\partial \sum_{i=1}^{p} k_{1j}x_i k_{2i}}{\partial x} = \begin{pmatrix} k_{1j}k_{21} \\ k_{1j}k_{22} \\ \vdots \\ k_{1j}k_{2p} \end{pmatrix} (k = 1, 2, \cdots, p)$$

因此

$$\frac{\partial y x' z}{\partial x} = \begin{pmatrix} y_1 z_1 & y_2 z_1 & \cdots & y_q z_1 \\ y_1 z_2 & y_2 z_2 & \cdots & y_q z_2 \\ \vdots & \vdots & \ddots & \vdots \\ y_1 z_p & y_2 z_2 & \cdots & y_q z_p \end{pmatrix} = z y'$$

（5）因为 $\iota_N \otimes x = (x_1 \quad \cdots \quad x_p \quad \cdots \quad x_1 \quad \cdots \quad x_p)'$，所以

$$\frac{\partial(\iota_N \otimes x)}{\partial x} = \left( \frac{\partial x_1}{\partial x} \quad \cdots \quad \frac{\partial x_p}{\partial x} \quad \cdots \quad \frac{\partial x_1}{\partial x} \quad \cdots \quad \frac{\partial x_p}{\partial x} \right)$$

$$= \begin{pmatrix} 1 & \cdots & 0 & \cdots & 1 & \cdots & 0 \\ 0 & \cdots & 0 & \cdots & 0 & \cdots & 0 \\ \vdots & \ddots & \vdots & \cdots & \vdots & \ddots & \vdots \\ 0 & \cdots & 1 & \cdots & 0 & \cdots & 1 \end{pmatrix} = \iota'_N \otimes I_p$$

（6）因为

$$
Xk = \begin{pmatrix} x_{11} & x_{12} & \cdots & x_{1p} \\ x_{21} & x_{22} & \cdots & x_{2p} \\ \vdots & \vdots & \ddots & \vdots \\ x_{n1} & x_{n2} & \cdots & x_{np} \end{pmatrix} \cdots \begin{pmatrix} k_1 \\ k_2 \\ \vdots \\ k_p \end{pmatrix} = \begin{pmatrix} \sum\limits_{j=1}^{p} x_{1j} k_j \\ \vdots \\ \sum\limits_{j=1}^{p} x_{nj} k_j \end{pmatrix}
$$

所以，$\dfrac{\partial Xk}{\partial X} = \left( \dfrac{\partial \sum\limits_{j=1}^{p} x_{1j} k_j}{\partial X} \quad \cdots \quad \dfrac{\partial \sum\limits_{j=1}^{p} x_{nj} k_j}{\partial X} \right)$

注意到：

$$
\frac{\partial \sum\limits_{j=1}^{p} x_{ij} k_j}{\partial X} = \begin{pmatrix} \dfrac{\partial \sum\limits_{j=1}^{p} x_{ij} k_j}{\partial x_{11}} & \cdots & \dfrac{\partial \sum\limits_{j=1}^{p} x_{ij} k_j}{\partial x_{1p}} \\ \vdots & \ddots & \vdots \\ \dfrac{\partial \sum\limits_{j=1}^{p} x_{ij} k_j}{\partial x_{n1}} & \cdots & \dfrac{\partial \sum\limits_{j=1}^{p} x_{ij} k_j}{\partial x_{np}} \end{pmatrix} = \begin{pmatrix} 0 & \cdots & 0 & \cdots & 0 \\ \vdots & & \vdots & & \vdots \\ k_1 & \cdots & k_j & \cdots & k_p \\ \vdots & & \vdots & & \vdots \\ 0 & \cdots & 0 & \cdots & 0 \end{pmatrix}
$$

所以，$\dfrac{\partial Xk}{\partial X} = \begin{pmatrix} k_1 & \cdots & k_p & \cdots & 0 & & 0 \\ \vdots & & \vdots & & \vdots & & \vdots \\ 0 & \cdots & 0 & \cdots & k_1 & \cdots & k_p \end{pmatrix} = I_n \otimes k'$。

# 参考文献

[1] Amemiya, T. The Estimation of the Variance in a Variance-Components Model [J]. International Econometrica, 1971 (54): 869-881.

[2] Amemiya, T. and Macurdy, T. E. Instrumental Variables Estimation of an Error Components Model [J]. Econometrica, 1986 (54): 869-880.

[3] Anderson, T. W. and Hsiao, C. Estimation of Dynamic Models with Error Components [J]. Journal of the American Statistical Association, 1981 (76): 598-606.

[4] Anderson, T. W. and Hsiao, C. Formulation and Estimation of Dynamic Models Using Panel Data [J]. Journal of Econometrics, 1982 (18): 47-82.

[5] Andrews, D. F. and Pregibon, D. Finding the Outliers that Matter [J]. Journal of the Royal Statistical Society Series B (Methodological), 1978, 40 (1): 85-93.

[6] Arellano, M. and Bond, S. Some Tests of Specification for Panel Data: Monte Carlo Evidence and an Application to Employment Equations [J]. Review of Economic Studies, 1991 (58): 277-297.

[7] Atkinson, A. C. Two Graphical Displays for Outlying and Influential Observations in Regression [J]. Biometrika, 1981, 68 (1): 13-20.

[8] Atkinson, A. C. Regression Diagnostics, Transformations and Constructed Variables [J]. Journal of Royal Statistical Society, B, 1982 (44): 1-36.

[9] Atkinson, A. C. Diagnostic Regression Analysis and Shifetd Power Transformations [J]. Technometrics, 1983, 25 (1): 23-33.

[10] Atkinson, A. C. Plots, Transformations and Regression: An Introduction to Graphical Methods of Diagnostic Regression Analysis [M]. Oxford: Oxford University Press, 1985.

[11] Atkinson, A. C. Diagnostic Tests for Transformations [J]. Techno-

metrics, 1986, 28 (1): 29-37.

[12] Atkinson, A. C. Transformations Unmasked [J]. Techonemtrics, 1988, 30 (3): 311-318.

[13] Atkinson, A. C. and Riani, M. Regression Diagnostics for Binomial Data from the Forward Search [J]. Journal of Royal Statistical Society Series D, 2001, 50 (1): 63-78.

[14] Balke, N. S. Detecting Level Shifts in Time Series [J]. Journal of Business & Economic Statistics, 1993, 11 (1): 81-92.

[15] Balsley, D. A., Kuh, E. and Welsch, R. E. Regression Diagnostics [M]. New York: John Wiley, 1980.

[16] Baltagi, B. H. Econometric Analysis of Panel Data (Second Edition) [M]. Wiley: New York, 2001.

[17] Behnken, D. W. and Drapper, N. R. Residuals and Their Variance Patterns [J]. Technometrics, 1972 (14): 102-111.

[18] Biorn, E. Econometrics of Panel Data with Measurement Errors [J]. In Econometrics of Panel Data: Theory and Applications, 1992: 152-195.

[19] Box, G. E. and Cox, D. R. An Analysis of Transformations (with discussion) [J]. Journal of Royal Statistical Society B, 1964 (26): 211-246.

[20] Breitung, J. and Das, S. Panel Unit Root Test under Cross-Sectional Dependence [J]. Statistica Neerlandica, 2005, 59 (4): 414-433.

[21] Breusch, T. S. Maximum Likelihood Estimation of Random Effects Models [J]. Journal of Econometrics, 1987 (36): 383-389.

[22] Breush, T. S., Mizon, G. E. and Schmidt, P. Efficient Estimation Using Panel Data [J]. Econometrica, 1986 (57): 695-700.

[23] Chang, I. Outliers in Time Series [D]. Unpublished Ph. D. Dissertation, University of Wisconsin, Dept. of Statistics, 1982.

[24] Chang, I., Tiao, G. C. and Chen, C. Estimation of Time Series Parameters in the Presence of Outliers [J]. Technometrics, 1988 (30): 193-204.

[25] Chang, Y. Bootstrap Unit Root Tests in Panels with Cross-Sectional Dependency [J]. Journal of Econometrics, 2003, 120 (2): 263-293.

[26] Chatterjee, S. and Hadi, A. Influential Observations, High Leverage Points, and Outliers in Linear Regression [J]. Statistical Science, 1986, 1

（3）：379-393.

［27］Chatterjee, S. and Hadi, A. Sensitivity Analysis in Linear Regression ［M］. New York：John Wiley, 1988.

［28］Chen, C. and Liu, L. M. Joint Estimation of Model Parameters and Outlier Effect in Time Series ［J］. Journal of the American Statistical Association, 1993, 88（421）：284-297.

［29］Chen, W. D. Detecting and Indentifying Interventions with the Whittle Spectral Approach in Long Memory Panel Data Model ［J］. Journal of Applied Statistics, 2008, 35（8）：879-892.

［30］Chen, Y. Q. and Shi, L. LM Test for Outliers in Panel Data Model ［J］. Proceedings of the International Symposium on Financial Engineering and Risk Management, 2008：282-285.

［31］Choi, I. Unit Root Tests for Panel Data ［J］. Journal of International Money and Finance, 2001（20）：219-247.

［32］Cook, R. D. Detection of Influential Observation in Linear Regression ［J］. Technometrics, 1977（19）：15-18.

［33］Cook, R. D. Influential Observations in Linear Regression ［J］. Journal of the American Statistical Association, 1979, 74（365）：169-174.

［34］Cook, R. D. Assessment of Local Influence ［J］. Journal of Royal Statistical Society, 1986, 48（2）：133-169.

［35］Cook, R. D. and Hinkley, D. V. Theoretical Statistics ［M］. London：Chapman and Hall, 1974.

［36］Cook, R. D. and Weisberg, S. Residuals and Influence in Regression ［M］. New York：Chapman & Hall, 1982.

［37］Cook, R. D. , Holschuh, N. and Weisberg, S. A Note on an Alternative Outlier Model ［J］. Journal of Royal Statistical Society, 1982（44）：370-376.

［38］Cornwell, C. and Rupert, P. Efficient Estimation with Panel Data：An Empirical Comparison of Instrumental Variables Estimators ［J］. Journal of Applied Econometrics, 1988（3）：149-155.

［39］Davies, R. B. and Hutton, B. The Effects of Errors in the Independent Variables in Linear Regression ［J］. Biometrika, 1975（62）：383-391.

［40］ Dupuis, D. J. and Hamilton, D. C. Regression Residuals and Test Statistics: Assessing Naïve Outlier Deletion ［J］. The Canadian Journal of Statistics, 2000, 28 (2): 259-275.

［41］ Ferguson, T. S. On the Rejection of Outliers ［J］. Proceedings of the Fourth Berkley Symposium on Math, Statistics, & Probability, 1961 (1): 253-287.

［42］ Frankel, J. and Rose, A. A Panel Project on Purchasing Power Parity: Mean Reversion Within and Between Countries ［J］. Journal of International Economics, 1996 (40): 209-224.

［43］ Franses, P. H. and Lucas, A. Outlier Detection in Cointegration Analysis ［J］. Journal of Business and Economic Statistics, 1998, 16 (4): 459-468.

［44］ Freeman, D. G. Alternative Panel Estimates of Alcohol Demand, Taxation, and the Business Cycle ［J］. Southern Economic Journal, 2000, 67 (2): 325-344.

［45］ Fung, W. K., Zhu, Z. Y. and Wei, B. C. Influence Diagnostics and Outlier Tests for Semiparametric Mixed Models ［J］. Journal of the Royal Statistical Society, 2002, 64 (3): 565-579.

［46］ Funk, M. Trade and International R&D Spillover among OECD Countries ［J］. Southern Economic Journal, 2001, 67 (3): 725-736.

［47］ Grilichies, Z. and Hausman, J. A. Errors-in-Variables in Panel Data ［J］. Journal of Econometrics, 1986 (31): 93-118.

［48］ Gruttola, V. D., Ware, J. H. and Louis, T. A. Influence Analysis of Generalized Least Squares Estimators ［J］. Journal of the American Statistical Associations, 1987, 82 (399): 911-917.

［49］ Gutierrez, L. On the Power of Panel Cointegration Tests: A Monte Carlo Comparison ［J］. Economics Letters, 2003 (80): 105-111.

［50］ Hadi, A. S. and Simonoff, J. S. Procedures for the Identification of Multiple Outliers in Linear Model ［J］. Journal of the American Statistical Association, 1993, 88 (424): 1264-1272.

［51］ Harvey, D. I., Leybourne, S. J. and Newbold, P. Innovational Outlier Unit Root Tests with an Endogenously Determined Break in Level ［J］. Oxford Bulletin of Economics and Statistics, 2001, 63 (5): 559-575.

［52］Hausman, J. A. Specification Tests in Econometrics ［J］. Econometrica, 1978, 46 (6): 1251-1271.

［53］Hausman, J. A. and Taylor, W. B. Panel Data and Unobervable Individual Effects ［J］. Econometrica, 1981 (49): 1377-1399.

［54］Hong, Y. M. and Kao, C. H. Wavelet-Based Testing for Serial Correlation of Unknown Form in Panel Data ［J］. Econometrica, 2004, 72 (5): 1519-1563.

［55］Hsiao, C. Identification and Estimation of Latent Binary Choice Models Using Panel Data ［J］. Review of Economic Studies, 1991 (58): 717-731.

［56］Hsiao, C. Analysis of Panel Data (Second Edition) ［M］. New York: Cambridge University Press, 2003.

［57］Hsiao, C. and Taylor, G. Some Remarks on Measurement Errors and the Identification of Panel Data Models ［J］. Statistica Neerlandica, 1991 (45): 187-194.

［58］Huber, P. J. Robustness and Designs: A Survey of Statistical Design and Linear Models ［M］. Amesterdam: North-Holland, 1975.

［59］Hubler, O. Multilevel and Nonlinear Panel Data Models ［J］. Allgemeines Statistisches, 2006 (90): 119-135.

［60］Im, K. S. , Pesaran, M. H. and Shin, Y. Testing for Unit Roots in Heterogeneous Panels ［J］. Journal of Econometrics, 2003 (115): 53-74.

［61］Islam, N. Growth Empirics: A Panel Data Approach ［J］. The Quarterly Journal of Economics, 1995, 110 (4): 1127-1170.

［62］Jahufer, A. Detecing Global Influential Observations in Liu Regression Model ［J］. Open Journal of Statistics, 2013 (3): 5-11.

［63］Jahufer, A. and Chen, J. B. Assessing Global Influential Observations in Modified Ridge Regression ［J］. Statistics & Probability Letters, 2009, 79 (4): 513-518.

［64］Jahufer, A. and Chen, J. B. Measuring Local Influential Observations in Modified Ridge Regression ［J］. Journal of Data Science, 2011, 9 (3): 359-372.

［65］Jahufer, A. and Chen, J. B. Identifying Local Influential Observations in Liu Estimator ［J］. Metrika, 2012 (75): 425-438.

［66］Judson, R. A. and Owen, A. L. Estimating Dynamic Panel Data Mo-

dels: A Guide for Macroeconomists [J]. Economic Letters, 1999 (65): 9–15.

[67] Kao, C. H. Spurious Regression and Residual–Based Tests for Cointegration in Panel Data [J]. Journal of Econometrics, 1999 (90): 1–44.

[68] Kianifard, F. and Swallow, W. H. Using Recursive Residuals, Calculated on Adaptively–Ordered Observations, to Indentify Outliers in Linear Regression [J]. Biometrics, 1989, 45 (2): 571–585.

[69] Kiviet, J. E. On Bias, Inconsistency, and Efficiency in Various Estimators of Dynamic Panel Data Models [J]. Journal of Econometrics, 1995 (68): 53–78.

[70] Kumbhakar, S. C. Estimation of Technical Efficiency Using Flexible Functional form and Panel Data [J]. Journal of Business & Economic Statistics, 1989, 7 (2): 253–258.

[71] Lancaster, T. Orthogonal Parameters and Panel Data [J]. The Review of Economic Studies, 2002, 69 (3): 647–666.

[72] Larsson, R. , Lyhagen, J. and Lothgren, M. Likelihood–based Inference in Cointegration Tests in Heterogeneous Panels [J]. Econometrics Journal, 2001 (4): 109–142.

[73] Lawrance, A. J. Regression Transformation Diagnostics Uing Local Influence [J]. Journal of the American Statistical Associations, 1988, 83 (404): 1067–1072.

[74] Lawrance, A. J. Deletion Influence and Masking in Regression [J]. Journal of Royal Statistical Society, 1995, 57 (1): 181–189.

[75] Lee, K. , Pesaran, M. H. and Smith, R. Growth Empirical: A Panel Data Approach: A Comment [J]. The Quarterly Journal of Economics, 1998, 113 (1): 319–323.

[76] Levin, A. and Lin, C. F. Unit Root Tests in Panel Data: Asymptotic and Finite–Sample Properties [J]. University of California at San Diego, Discussion Paper, 1992: 92–93.

[77] Levin, A. and Lin, C. F. Unit Root Tests in Panel Data: New Results [J]. University of California at San Diego, Discussion Paper, 1993: 93–96.

[78] Maddala, G. S. The Use of Variance Components Models in Pooling Cross Section and Time Series Data [J]. Econometrica, 1971 (39): 341–358.

［79］ Maddala, G. S. and Wu, S. W. A Comparative Study of Unit Root Tests with Panel Data and a New Simple Test ［J］. Oxford Bulletin of Economics and Statistics, 1999, 61 (4): 631-652.

［80］ Manski, C. F. Semiparametric Analysis of Random Effects Linear Models from Binary Panel Data ［J］. Econometrica, 1987, 55 (2): 357-362.

［81］ Mark, N. and Sul, D. A Computationally Simple Cointegration Vector Estimator for Panel Data ［M］. Ohio State University Manuscript, 1999.

［82］ Mayer, L. S. On Cross-Lagged Panel Models with Serially Correlated Errors ［J］. Journal of Business & Economic Statistics, 1986, 4 (3): 347-357.

［83］ McCoskey, S. K. and Kao, C. A Residual-based Test for the Null of Cointegration in Panel Data ［J］. Econometric Reviews, 1998 (17): 157-166.

［84］ McCoskey, S. K. and Selden, T. M. Health Care Expenditures and GDP: Panel Data Unit Root Test Result ［J］. Journal of Health Economics, 1998 (17): 569-570.

［85］ Montalvo, J. G. GMM Estimation of Count-Panel-Data Models with Fixed Effects and Predetermined Instruments ［J］. Journal of Business & Economic Statistics, 1997, 15 (1): 82-89.

［86］ Moulton, B. R. Random Group Effects and the Precision of Regression Estimates ［J］. Journal of Econometrics, 1986 (32): 385-397.

［87］ Moulton, B. R. Diagnostics for Group Effects in Regression Analysis ［J］. Journal of Business and Economic Statistics, 1987 (5): 275-282.

［88］ Mundlak, Y. On the Pooling of Time Series and Cross Section Data ［J］. Econometrica, 1978 (46): 69-85.

［89］ Nerlove, M. Experimental Evidence on the Estimation of Dynamic Economic Relations from a Time Series of Cross Sections ［J］. Economic Studies Quarterly, 1967 (18): 42-74.

［90］ Nerlove, M. Further Evidence on the Estimation of Dynamic Economic Relations from a Time Series of Cross Sections ［J］. Econometrica, 1971 (39): 359-382.

［91］ Nickell, S. Biases in Dynamic Models with Fixed Effects ［J］. Econometrica, 1981 (49): 1399-1416.

［92］ Oberhoffer, W. and Kmenta, J. A General Procedure for Obtaining

Maximum Likelihood Estimates in Generalized Regression Models [J]. Economet-rica, 1974 (42): 579-590.

[93] O' Connell, P. G. J. The Overvaluation of Purchasing Power Parity [J]. Journal of International Economics, 1998 (44): 1-19.

[94] Oh, K. Y. Purchasing Power Parity and Unit Root Tests Using Panel Data [J]. Journal of International Money and Financial, 1996 (15): 405-418.

[95] Papell, D. H. Searching for Stationarity: Purchasing Power Parity under the Current Float [J]. Journal of Economics, 1997 (43): 313-332.

[96] Papell, D. H. The Great Appreciation, the Great Depreciation and the Purchasing Power Parity Hypothesis [J]. Journal of International Economics, 2002 (57): 51-82.

[97] Papell, D. H. The Panel Purchasing Power Parity Puzzle [J]. Journal of Money, Credit and Banking, 2006, 38 (2): 447-467.

[98] Parker, I. Transformations and Influential Observations in Minimum Sum of Absolute Errors Regression [J]. Technometrics, 1988, 30 (2): 215-220.

[99] Pedroni, P. Panel Cointegration: Asymptotic and Finite Sample Pro-perties of Pooled Time Series Tests, with an Application to the PPP Hypothesis, Indiana University Working Papers in Economics, 1995.

[100] Pedroni, P. On the Role of Cross Sectional Dependency in Dynamic Panel Unit Root and Panel Cointegreation Exchange Rate Studies. Indiana Univer-siy Working Papers in Economics, 1997.

[101] Pedroni, P. Purchasing Power Parity Tests in Cointegrated Panels [J]. The Review of Economics and Statistics, 2001, 83 (4): 727-731.

[102] Perron, P. and Vogelsang, T. J. Testing for a Unit Root in a Time Se-ries with a Changing Mean: Corrections and Extensions [J]. Journal of Business & Economic Statistics, 1992, 10 (4): 467-470.

[103] Phillips, P. and Moon, H. Linear Regression Limit Theory for Non-stationary Panel Data [J]. Econometrica, 1999, 67 (5): 1057-1111.

[104] Phillips, P. and Moon, H. Nonstationary Panel Data Analysis: An Overview of Some Recent Developments [J]. Econometrics Review, 2000 (21): 263-286.

[105] Rapach, D. E. Are Real GDP Levels Nonstationary? Evidence from

Panel Data Tests [J]. Southern Economic Journal, 2002, 68 (3): 473–495.

[106] Robertson, D. and Symons, J. Output, Inflation and the ERM [J]. Oxford Economic Papers, 1992 (44): 373–386.

[107] Schall, R. and Dunne, T. T. Miscellanea a Note on the Relationship between Parameter Collinearity and Local Influence [J]. Biometria, 1992, 79 (2): 399–404.

[108] Shi, L. Local Influence in Principal Component Analysis [J]. Biometrika, 1997, 84 (1): 175–186.

[109] Shi, L. and Wang, X. R. Local Influence in Ridge Regression [J]. Computational Statistics & Data Analysis, 1999, 31 (3): 341–353.

[110] Silver, M. and Aidid, S. S. Modelling the Volatility of Purchase Behaviour [J]. The Statistician, 1999, 48 (2): 203–213.

[111] Srikantan, K. S. Testing of a Single Outlier in a Regression Model [J]. Sankhya A, 1961 (23): 251–261.

[112] Storer, B. E. and Crowley, J. A Diagnostic for Cox Regreession and General Conditional Likelihoods [J]. Journal of the American Statistical Association, 1985 (80): 139–147.

[113] Thomas, W. and Cook, R. D. Assessing Influence on Regression Coefficients in Generalized Linear Models [J]. Biometrika, 1989, 76 (4): 741–749.

[114] Tsai, C. L. and Wu X. Diagnostics in Transformation and Weighted Regression [J]. Technometrics, 1990, 32 (3): 315–322.

[115] Tsai, C. L. and Wu, X. Transformation – Model Diagnostics [J]. Technometrics, 1992, 34 (2): 197–202.

[116] Tsay, R. S. Time Series Model Specification in the Presence of Outliers [J]. Journal of the American Statistical Association, 1986 (81): 132–141.

[117] Tsay, R. S. Outliers, Level Shifts, and Variance Changes in Time Series [J]. Journal of Forecasting, 1988 (7): 1–20.

[118] Tukey, J. W. On the Comparative Anatomy of Transformations [J]. The Annals of Mathematical Statistics, 1957 (28): 602–632.

[119] Walker, E. and Birch, J. B. Influence Measures in Ridge Regression [J]. Technometrics, 1988, 30 (2): 221–227.

[120] Wansbeek, T. J. and Bekker, P. A. On IV, GMM and ML in a Dy-

namic Panel Data Model [J]. Economic Letters, 1996 (51): 145-152.

[121] Wansbeek, T. J. and Koning, R. H. Measurement Error and Panel Data [J]. Statistica Neerlandica, 1989 (45): 85-92.

[122] Wei, B. C. and Shi, J. Q. On Statistical Models in Regression Diagnostics [J]. Annals of the Institute of Statistical Mathematics, 1994 (46): 267-278.

[123] Weisberg, S. Some Principles for Regression Diagnostics and Influence Analysis [J]. Technimetrics, 1983 (25): 240-244.

[124] Welsch, R. E. and Kuh, E. Linear Regression Diagnostics. MIT and NBER, Working Paper, 1977: 173.

[125] Zhang, F. and Weiss, R. E. Diagnosing Explainable Heterogeneity of Variance in Random - Effect Models [J]. The Canadian Journal of Statistics, 2000, 28 (1): 3-18.

[126] Zhu, H., Lee, S. Y., Wei, B. C. and Zhou, J. Case - Deletion Measures for Models with Incomplete Data [J]. Biometrika, 2001, 88 (3): 727-737.

[127] Zhu, H. T. and Lee, S. Y. Local Influence for Incomplete - Data Models [J]. Journal of the Royal Statistical Society, 2001, 63 (1): 111 - 126.

[128] Zhu, H. T. and Lee, S. Y. Local Influence for Generalized Linear Mixed Models [J]. The Canadian Journal of Statistics, 2003, 31 (3): 293-309.

[129] Ziliak, J. P. Efficient Estimation with Panel Data when Instruments are Predetermined: An Empirical Comparison of Moment - Condition Estimators [J]. Journal of Business and Economic Statistics, 1997 (15): 419-431.

[130] 巴尔塔基. 面板数据计量经济分析 [M]. 白仲林等译. 北京: 机械工业出版社, 2010.

[131] 卜长江, 罗跃生. 矩阵论 [M]. 哈尔滨: 哈尔滨工程大学出版社, 2003.

[132] 郭红丽, 王华. 宏观统计数据质量评估的研究范畴与基本范式 [J]. 统计研究, 2011 (6): 72-78.

[133] 郭晔. 货币政策和财政政策的分区域产业效应比较 [J]. 统计研究, 2011 (3): 36-42.

[134] 刘洪, 黄燕. 基于经典计量模型的统计数据质量评估方法 [J].

统计研究，2009（3）：91-96.

[135] 刘洪，金林. 基于半参数模型的中国 GDP 数据准确性评估 [J]. 统计研究，2012（10）：99-104.

[136] 卢二坡，黄炳义. 基于稳健 MM 估计的统计数据质量评估方法 [J]. 统计研究，2010（12）：16-22.

[137] 王松桂. 回归诊断发展综述 [J]. 应用概率统计，1988（4）：310-321.

[138] 韦博成，鲁国斌，史建清. 统计诊断引论 [M]. 南京：东南大学出版社，1991.

[139] 韦博成，林金官，解锋昌. 统计诊断 [M]. 北京：高等教育出版社，2009.

[140] 魏传华，吴喜之. 空间变系数模型的统计诊断 [J]. 数理统计与管理，2007（26）：1027-1033.

[141] 余火军，朱仲义. 纵向数据模型均值参数和方差参数的影响分析 [J]. 应用概率统计，2005（2）：40-52.

[142] 张浩，朱仲义. 半参数广义线性混合效应模型的影响分析 [J]. 应用数学学报，2007（7）：743-756.

[143] 张尧庭，方开泰. 多元统计分析引论 [M]. 北京：科学出版社，1982.

[144] 赵进文. 统计假设检验的诊断与数值影响分析 [J]. 山西师范大学学报（自然科学版），1994（2）：1-6.

[145] 赵进文. 序列相关的检验与诊断 [J]. 统计研究，1997（2）：63-65.

[146] 赵进文. 中国消费数据的统计诊断分析 [J]. 天津商学院学报，1999（7）：4-9.

[147] 赵进文. 面板数据建模理论的过去、现在与未来 [J]. 数量经济技术经济研究，2009（9）：149-161.

[148] 赵进文. 异常值对计量建模影响的典型案例 [J]. 统计研究，2010（12）：92-98.

[149] 朱仲义，韦博成. 半参数非线性模型的统计诊断与影响分析 [J]. 应用数学学报，2001（10）：568-581.

# 后 记

当对数据进行统计分析时，大部分研究者都致力于寻找或开发"更高级""更先进"的统计模型或计量模型，却往往忽视了对数据质量的关注。实际上，相当一部分计量模型是缺乏稳健性的，而异常数据的出现又几乎不可能完全避免。将缺乏稳健性的计量模型用于分析存在异常值的数据，研究本身"事倍功半"，结论则可能毫无意义。本书是在笔者的博士学位论文基础上修改而成的，力求解答面板数据回归模型的统计诊断问题，而这些工作只是异常数据识别问题的"冰山一角"。

回想确定博士学位论文选题之时，正是中国宏观经济统计数据质量备受世界各国以及国内许多研究者质疑、诟病之际。这一方面与中国的经济"增长奇迹"有关，另一方面在实证研究中确实发现一些变量的变化趋势不切合实际。因此，如何识别宏观经济数据中的异常值，并依据科学方法对其进行调整，使其能真实反映中国宏观经济运行状况，是一项刻不容缓的工作。本书最后采用实际经济数据来检验理论结果的有效性，而没有使用计算机模拟数据，正是考虑到异常值诊断统计量的实用性。虽然并非最新数据，但仍足以达到笔者的研究目的。

相对于使用截面数据或时间序列数据，使用面板数据展开研究具有很多天然的优势，如面板数据能够控制个体的异质性，能够减少回归变量之间的多重共线性，增加模型自由度，提高参数估计的有效性。更为重要的是，研究者可以使用面板数据解决一些横截面数据或时间序列数据无法解决的问题。基于此，在与导师陈建宝教授讨论后，笔者选择对面板数据的异常值诊断作为博士期间的主要研究方向。

没有哪项科学研究是一帆风顺的，但在导师陈建宝教授的帮助下笔者竟也平稳开展研究，并取得些许成果。在此，笔者由衷感谢陈建宝教授的悉心指导。多年过去，笔者犹记得老师顾不上吃午饭，饿着肚子为笔者调整论文框架和结构安排，检查每一步的理论推导，甚至修改论文每句话的

起承转接和标点符号。最后定稿期间，凌晨发给老师的文稿也能马上得到电话回复。现在想来仍觉得不可思议！试问，导师还能为学生做得更多吗？笔者想不出。师恩如海，无以为报，唯愿吾师身体康健、平安幸福。

最后，感谢家人对笔者学业的无条件支持和不计回报的付出。以前你们是笔者的港湾，现在让笔者做你们的依靠。